뇌가 섹시한
중년

뇌가 섹시한 중년

발행일	2019년 12월 20일

지은이	배정철		
펴낸이	손형국		
펴낸곳	(주)북랩		
편집인	선일영	편집	오경진, 강대건, 최예은, 최승헌, 김경무
디자인	이현수, 김민하, 한수희, 김윤주, 허지혜	제작	박기성, 황동현, 구성우, 장홍석
마케팅	김회란, 박진관, 조하라, 장은별		
출판등록	2004. 12. 1(제2012-000051호)		
주소	서울특별시 금천구 가산디지털 1로 168, 우림라이온스밸리 B동 B113~114호, C동 B101호		
홈페이지	www.book.co.kr		
전화번호	(02)2026-5777	팩스	(02)2026-5747

ISBN	979-11-6299-965-3 03320 (종이책)	979-11-6299-966-0 05320 (전자책)	

이 도서의 국립중앙도서관 출판예정도서목록(CIP)은 서지정보유통지원시스템 홈페이지(http://seoji.nl.go.kr)와
국가자료공동목록시스템(http://www.nl.go.kr/kolisnet)에서 이용하실 수 있습니다.
(CIP제어번호: CIP2019051796)

(주)북랩 성공출판의 파트너
북랩 홈페이지와 패밀리 사이트에서 다양한 출판 솔루션을 만나 보세요!
홈페이지 book.co.kr • **블로그** blog.naver.com/essaybook • **출판문의** book@book.co.kr

우아하고 아름답게 인생의 황금기를 보내는 24가지 방법

뇌가 섹시한 중년

배정철 지음

체력이 떨어지고 노화가 진행되는 중년의 시간을
인생에서 가장 크게 능력을 발휘하는 시간으로 바꾸는
섹시한 뇌 만들기 프로젝트！

북랩 book Lab

중년의 위기란 없다

미국의 발달 심리학자인 에릭 에릭슨(Erik Erikson, 1902~1994)은 인간이 태어나서 죽기까지 겪게 되는 발달 단계를 8단계로 이론화했다. 그중에서 7번째 단계를 장년기(35~65세)로 명명하며, 이 시기를 생산성과 침체감이 대립하는 시기로 보았다.

생산성이란 개인이 자기 자신의 안위를 걱정하는 것에서 벗어나, 다음 세대에 대한 복지와 개개인이 속한 사회의 성격에 관심을 가지는 것을 의미한다. 생산과 양육, 그에 따른 자기 자손의 성취에 관한 개인의 만족감을 생산성으로 본 것이다. 반면에 생산성을 제대로 발휘하지 못하게 되면 침체감이 형성된다고 한다. 침체감은 생산성의 결여이며 자신의 욕구나 안락에만 관심을 두고 살아감을 말한다. 그렇게 되면 결국, 생을 무의미하고 단조롭게 느끼게 되어 무력감에 빠지게 된다고 한다.

공자가 말하기를, 40세가 되어서는 판단에 혼란을 일으키지 않고 (불혹, 不惑), 50세가 되어서는 하늘이 전해준 명을 알고(지천명, 知天命),

60세가 되어서는 들으면 그 뜻을 아는 시기(이순, 耳順)라고 했다.

30대를 중년이라고 하면 좀 억울해하는 사람도 없지는 않겠지만, 에릭슨이 말한 장년기(35~65세)와 공자가 말한 불혹, 지천명, 이순의 시기를 우리는 보통 '중년'이라고 일컫는다.

요즘은 100세 시대를 넘어 120세를 사는 시대라고 하니 중년을 10~20년 정도 더 늦춰야 하지 않나 싶기도 하지만, 70대를 중년으로 보기에는 무리가 있으니, 대략 30대 후반부터 60대 초반까지를 중년으로 지칭해도 과히 틀린 말은 아닐 듯하다.

중년 하면 가장 먼저 떠오르는 단어는 '위기'다. 중년의 위기.

공자는 불혹이요 지천명이며 이순의 시기라고 했고, 에릭슨은 생산성의 시기라고 하며 중년의 긍정적인 면을 언급했지만, 어찌 된 일인지 우리는 중년에 '위기'라는 단어를 덧붙여 떠올리곤 한다.

그 이유가 없지는 않다. 『인생의 재발견』(스몰빅인사이트, 2017)에서 바버라 해커티(Barbara Bradley Hagerty)는 중년의 '위기'가 1965년 캐나다의 정신분석가 엘리엇 자크가 발표한 「죽음과 중년의 위기」라는 논문에서 비롯되었다고 한다. 그 논문은 발표 당시에는 큰 주목을 받지 못했지만, 1978년 대니얼 레빈슨이 출간한 『남자가 겪는 인생의 사계절』이라는 책을 통해 '중년의 위기'라는 말이 크게 부각되었다고 소개한다.

하지만 해커티는 여러 문헌과 자료를 자세히 조사하고 많은 전문가를 인터뷰한 후, '중년의 위기는 없다'라는 결론을 내린다. 중년은 방황하거나 좌절하며 위기를 겪는 시기가 아니라 삶의 의미를 되돌아보는 시기이자 과거의 경험으로부터 정보를 얻고 미래에 대한 희망을 구체화하는 흥미진진한 시기라고 주장한다. 중년은 청년에서 장년으로 스쳐 지나가는 비행 구역이 아니라 새로운 목적지, 다양한 경로를 선택할 수 있는 허브공항 같은 것이라고 했다.

50대에 접어든 지금, 해커티의 글을 읽고 있으면 왠지 기운이 다시 솟는 듯하다. 너무 긍정적으로만 생각하는 것이 아닌가 싶기도 하지만 다시 생각해 보면 그의 말에 격하게 공감하게 된다.

꽃중년이라는 말도 있다. '마흔 살 안팎의 나이로 청년과 노년의 중간'을 의미하는 단순히 나이를 기준으로 한 정의도 있고, '자신의 외모를 가꾸고 자기 관리를 철저히 함으로써 남에게 아름답게 보이려 노력하는 중년의 남녀'라는 설명도 있다. 한마디로 '멋있는 중년'이다. 꾸준한 운동을 통해 젊은 시절 몸매를 유지하고, 화려하지 않으면서 멋을 낼 줄 아는 패션 감각으로 무장하고, 말과 행동에 품위가 있으며, 나름의 철학과 가치관을 갖고 살아가는 중년이 바로 꽃중년이다.

남자든 여자든, 40대에 접어들 때 즈음에는 신체적, 심리적 변화를 경험하면서 돌아갈 수 없는 청춘을 다시 꿈꿔 본다. 시간은 되돌릴 수 없으니 꽃중년이 되어서라도 젊음을 다시 만끽해보고자 하는 것이다. 사실 생물적으로 보면 중년의 신체가 분명 절정기는 아니다. 20대와 30대를 지나, 40대에 접어들면 신체적으로는 분명 하향 곡선을 그리기 시작한다. 모처럼 운동이라도 좀 할라치면 쉽게 지치고 금방 몸에 부정적 반응이 온다. 머리카락이 빠지거나 흰 머리카락이 생기고, 얼굴에는 검버섯이 서서히 나타난다. 시력도 점점 나빠지고 노안도 오는 시기다. 기초대사량이 줄어 규칙적으로 운동하지 않으면 근육량은 감소하고 복부와 허리에 피하지방이 쌓여간다. 좀 심하게 말하면, 먹는 만큼 살이 찐다는 느낌이 들 정도다. 어디 그뿐인가, 기억력도 조금씩 감퇴하여 지인의 이름이나 전화번호, 자주 가던 음식점 상호도 금방 떠올리지 못하는 경우가 빈번하다.

그렇다고 그런 부정적인 면만 있는 것은 아니다. 중년의 시기가 되면 경제적, 사회적으로는 좀 더 안정적일 수 있다. 자신의 직업에 있어서 전문성을 가지고 능력을 발휘할 수 있게 되고, 직장 내 위치나 직위도 높아지는 시기다. 경제적으로 풍족하지는 않지만, 물질적으로 어느 정도는 여유가 생긴다. 더 중요한 것은 삶에 대한 풍부한 경험과 지식이 쌓여 문제해결력이 높아진다는 점이다. 지식이 경험과 융합되어 지혜가 차곡차곡 쌓여간다. 역경에 유연하게 대처하는 능력, 즉 가소성이 절정기에 다다르게 된다. 이제는 쉽게 좌절하지 않는다. 가파른 고개를 바로 넘으려고 애쓰지 않고 천천히 그러면서도 좀 더 느긋하게 산을 돌아 넘어갈 줄 안다. 나무가 아니라 숲을 보고 이해할 수 있는 능력이 생긴다. 이런 이유로 아흔여덟의 김형석 옹은 『백 년을 살아보니』(덴스토리, 2016)에서 인생의 절정기가 55~70

세라고 주장한다.

하루하루 늘어나는 흰 머리카락과 뱃살이 아침마다 신경 쓰이기는 하지만, 중년의 시기에 선 자신에게는 사랑할 것이 더 많다. 인생의 중간 즈음에 서 있는 자신의 삶과 지나온 길이 대견하고 자랑스럽지 않은가. 열심히 노력했고, 크고 작은 성취를 이루었고, 실패와 성공의 경험을 쌓았다. 다른 사람들과 비교하면 보잘것없는 것일지도 모르지만, 살아온 삶의 흔적과 기록은 자신만의 것이다. 그것은 오롯이 지금의 자신, 중년의 당신을 채우고 있다.

단언하건대, 중년의 위기란 없다. 화려한 꽃중년이 아니더라도 지금 이 순간을 소중히 여기며 주어진 시간을 또 다른 것으로 채워나가다 보면, 느긋하고 여유로운 노년이 기다리고 있지 않을까?

그런 의미에서 중년은 인생의 또 다른 황금기다. 하지만 그 황금기를 누릴 수 있느냐 없느냐는 개개인의 생각과 삶의 방식, 그리고 노력에 따라 달라진다. 어떻게 하면 인생의 제2의 황금기를 의미 있게 보낼 수 있을까? 그런 고민을 이 책에 담았다.

1부 '나를 만들다'에서는 중년이라는 인생의 두 번째 황금기에서 '나'를 어떻게 만들어 가야 하는지를 고민하고, 몇 가지의 바람직한 자화상을 제시했다.

소통과 포용을 뿌리치고 외곬으로 늙어가지 않으려면 주어진 시간에 나름의 노력을 해야 한다. 좋은 학교와 좋은 직장을 얻기 위한 젊은 날의 노력과는 다른, 내 삶을 더욱 아름답게 만들기 위한 노력의 시간이 필요하다. 우아하고 합리적이고 오래된 나무처럼 단단한 나를 만드는 그다지 어렵지 않은 방법들이 있다. 책을 읽고, 글을 쓰며, 새로운 것에 대해 포용적이고 허용적인 생각을 하는 것이다. 틈틈이 여행도 다니면 더욱 좋다.

2부 '현재를 생각하다'에서는 중년의 시기에 다시금 생각해볼 만한 것에 관한 이야기를 담았다. 작고 소박한 일상이 주는 즐거움을 소중하게 생각하면 더 행복해진다(소확행). 커피 한 잔이 주는 쌉쌀한 맛과 시간을 즐겨보자(커피). 배우자와 잦지 않은 성생활에 부담을 갖지 말자(섹스). 악은 언제나 내 안에 도사리고 있음을 염두에 두자(선악). 젊은 시절의 로망을 다시금 되살려 보자(파리). 자식에 대한 사랑과 그들에게 무엇을 물려줄 것인지(신화, 유전자), 그리고 어디에서 누구와 살 것인지에 대해 고민해 보자(하우스).
가끔 잊고 살고 싶지만 그럴수록 쉽게 떨쳐내지 못하는 삶의 주제들이다. 묻어 두거나 바로 해결해 버리려고만 하면 더 힘들어진다. 살아가면서 가끔은 양보하고 타협해야 한다. 내 곁에 두고 슬기롭게 이겨낼 수 있는 방법을 찾아 보았다.

3부 '다가오는 시간을 채우다'에서는 중년과 중년 이후의 시간을 무엇으로 채워야 할지에 대해서 고민했다. 나이를 먹으면서 고집이 아니라 원칙을 바로 세워야 하고, 노년의 동반자인 외로움은 따뜻함으로 능히 덮을 수 있음을 깨닫는 것이 중요하다. 지나온 시간과 추억에 묻은 먼지를 닦아내면 그 나름의 멋이 있다. 살아온 수많은 낮과 밤은 그저 흘려보낸 시간이 아니라 까만 밤하늘에 흩어져 있는 별만큼이나 빛나고, 우주를 담을 수 있을 만큼 커다란 혜안을 키워내는 시간이었음을 다시 생각해 보았다. 우리 모두에게는 그런 시간이 있었고, 또 앞으로도 그럴 것이기 때문이다.

중년의 위기란 없다. 중년은 젊은 시절에 이은 또 하나의 인생 황금기다. 멋지고 활기차게 그리고 섹시하게 살아보자.

2019년 태국 방콕에서

배정철

목차

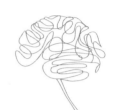

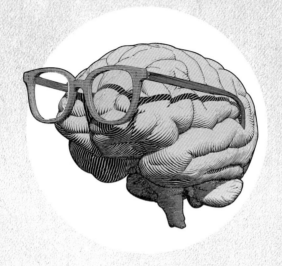

1부

나를 만들다

우아하게 살자

일상에서의 우아함

〈1〉

"그 아저씨 진짜 멋졌어. 그때 생각하면 아찔해. 아르바이트 시작
하자마자 바로 잘릴 뻔했다니까."

주말에 집에 와서 같이 식사를 하던 큰애가 한 말이다. 무슨 일이
있었냐고 물었더니 사연이 이랬다. 수제 맥주 가게에서 서빙 아르바
이트를 시작한 첫날이었단다. 주문받은 맥주를 쟁반에 담아 서빙을
하던 중이었는데, 맥주잔 하나를 탁자에 내려놓는 순간 무게 중심을
잃은 쟁반이 한쪽으로 기울었다고 한다. 어찌 손을 써 볼 틈도 없이
쟁반 위에 있던 다른 맥주잔이 넘어지며 컵 속의 차가운 맥주가 손
님 어깨로 쏟아져 버렸다고. 서빙 초보였으니 생길 수 있는 상황이
다. 얼마나 당황했을까. 죄송하다고 연신 머리를 조아리며 냅킨으로

옷을 닦아 드리려고 하는데, 그 아저씨가 하는 말이 이랬단다.

"아이고 그러잖아도 오늘만 입고 내일 세탁소에 맡기려고 했는데, 괜찮아요."

그러면서 옷에 묻은 맥주를 툭툭 털어 내면서 걱정하지 말라고 하더란다. 이 말을 들었을 때 딸아이의 마음이 어땠을까? 아르바이트 첫날 대형 사고를 치고 '아, 오늘 잘렸구나. 세탁비까지 물어주게 생겼네.'라고 얼굴이 울상이 되었다가 그 말을 듣는 순간 안심이 되었을 거다. 그 짧은 시간에 지옥과 천당을 오고 가는 심정이었을 테다. 손님이 화를 내지 않고 가볍게 넘겨준 것이 감사한 일이기는 하지만, 사실 아무나 그렇게 할 수 있는 것은 아니다. 평소에 상대방을 배려하는 마음이 몸에 배어있는 상태가 아니면 그런 행동이 나오기가 쉽지 않다.

〈2〉

세종에 사는 나는 공무나 사적인 일로 KTX를 이용하기 위해 가끔 오송역에 간다. 세종시에서 오송역까지 승용차로 가서 오송역 근처 유료주차장에 주차한다. 유료주차장은 위치에 따라 요금이 조금씩 다른데, 버스 정류장 옆 노천 주차장이 다른 곳 비해 조금 싸다. 역 출입구에서 상대적으로 멀기 때문이다. 주차료가 싸기도 하지만,

뇌가 섹시한 중년

이 주차장을 이용하면 기분이 좋다. 주차 요금을 징수하는 직원 때문이다. 일을 마치고 돌아와 주차장을 나갈 때 주차요금을 정산하는데, 주차요금을 받으면서 그분은 꼭 "오늘도 좋은 하루 보내세요."라고 밝게 인사를 건넨다. 아침이든 저녁이든 늘 한결같다. 의례적으로 하는 인사가 아니라 진심이 담겨 있다. 영수증과 잔돈을 내주면서 눈을 마주치고 밝게 웃으며 인사를 하는 걸 보면 알 수 있다.

온종일 좁은 공간에서 아주 단순한 일을 반복하는 것이라 육체적으로는 힘들고, 정신적으로도 지칠 법도 한데 늘 그렇게 인사말을 건넨다. 바로 옆 다른 주차장에서는 그런 인사를 받지 못했다. 이쪽에서 먼저 인사를 해도 마찬가지다. 무표정하게 주차권과 카드를 받아 계산하고 영수증과 함께 다시 돌려줄 뿐인데, 그 주차장의 그분만 그렇게 하신다. 인사를 받는 사람도 밝게 인사를 할 수밖에 없다. "수고하세요." 그러면 기분이 좋아진다. 인사를 받아서 좋고 또 즐거운 마음으로 인사를 건네서 좋다. 그분은 자기 일에 자부심을 가지고 있는 것이 분명하고, 힘들지만 즐겁게 일하려고 노력하는 것처럼 보인다. 그뿐만 아니라 자신이 일하는 주차장을 이용해 주는 사람이 고맙다고 생각하는 것이 틀림없다. 자기 직업에 대한 것도 그렇고, 만나는 사람에 대해서도 보통의 사람들이 가지기 쉽지 않은 생각과 태도를 가진 분이다.

<h1 style="text-align:center">〈3〉</h1>

　어느 날 저녁, 가족이 함께 외식하러 갔다. 세종시 인근, 조치원 고복저수지에 가면 '구름나그네'라는 맛집이 있다. 예약을 미리 해 놓지 않으면 아쉬운 채 돌아서서 나와야 하는 경우가 많은 가게다. 그날도 가게 안에 손님이 가득했다. 예약된 자리에 앉았는데 홀 안이 시끌시끌하다. 바로 옆 테이블에는 남자 셋, 그 옆 테이블에는 여자 셋이 앉았다. 여자 셋이 앉은 테이블 쪽에서 소리가 크게 났다. 세 사람 모두 너무 큰 목소리로 대화를 나누고, 가끔 너무 크게 웃어서 귀에 거슬릴 정도다. 눈치를 주려고 가끔 쳐다보면, 그쪽에서도 쳐다본다. 눈이 마주치면 이쪽에서 불편해한다는 신호를 주는 것이라는 걸 눈치를 챘으면 좋겠는데, 아랑곳하지 않는다. 우리 바로 옆 테이블의 남자 셋은 우리보다 그 테이블 쪽에 더 가까이 앉았으니 훨씬 불편한 상황이다. 그 사람들도 연신 여자 쪽을 쳐다보며 눈치를 준다. 그래도 그녀들은 아랑곳하지 않는다. 여자들만의 유쾌하고 재미있고 무지하게 큰 수다는 끝도 없이 계속된다.

　이럴 경우 어떻게 해야 할까? 말을 걸어서 좀 조용히 해 달라고 직접 얘기는 하는 게 나을까, 아니면 불편함을 참고 얌전히 내 음식 맛에 집중하는 게 나을까? 말을 걸었다가 봉변을 당하면 가만히 있는 것만도 못한 일이 될 테고, 가만히 있자니 모처럼의 외식이 불편하기 그지없다.

다른 사람에 대한 배려도 없고, 여러 사람이 모인 공간에서의 예의라고는 눈곱만큼도 없다. 여러 사람이 모이는 장소에 가면 꼭 이런 사람들이 있다. 그런 사람들조차 그들처럼 행동하던 또 다른 사람들 때문에 유쾌하지 못한 경험을 했을 테다. 자신은 불편해서 불쾌해하면서도 자신이 다른 사람에게 불편을 주고 있다는 것을 인식하지 못하는 경우가 종종 있다.

관계 속에서 빛을 발하는 사회적 우아함

우리는 흔히 '우아하다'라고 하면 겉으로 드러나는 신체나 외모, 의상이나 몸동작 등 외형적인 부분에 대해서만 생각하는 경향이 있다. 하지만 우아함에는 우리가 생각하는 것보다 더 다양한 측면이 있다. 2010년 비평 부분 퓰리처상을 비롯해 여러 저널리즘 상을 받은 무용 비평가인 사라 카우프먼은 『우아함의 기술』(뮤진트리, 2017)에서 우아함을 이렇게 정의한다.

우아함은 잘 조정된 매끄러운 움직임 혹은 겸손하고 관대한 태도이고, 자제심에서 나오는 편안함의 문제이며, 자신의 반응, 욕구, 관심을 다스리는 것이고, 매끄러운 상호작용과 유쾌한 분위기를 조성하기 위해 다른 사람들에게 초점을 맞추는 것이다.

'잘 조정된 매끄러운 움직임'은 우리가 흔히 생각하는 신체적 우아함을 말한다. '자신을 다스리며 자제심에 나오는 편안함'이 신체적인 것과 함께할 때 우아함은 더해진다. 여기까지는 개개인이 가질 수 있는 개별적인 우아함이다.

'유쾌한 분위기를 만들기 위해 다른 사람에게 초점을 맞추는 것은 신체적 우아함과는 다른 사회적 우아함이다. 사회적 우아함은 다른 사람과의 관계 속에서 더욱 빛을 발한다.

카우프먼은 무용비평가의 시선으로 영화배우 캐리 그랜트, 테니스 황제 로저 페더러의 신체적 우아함을 예찬한다. 저자가 우아함의 전형으로 특별히 캐리 그랜트를 본보기로 거론하는 이유는, 그가 멋진

카우프먼이 극찬한 잘 조정된 매끄러운 움직임　　　　　　출처: pxhere

외모와 탁월한 신체 연기뿐만 아니라 늘 상대방을 배려하고 자신보다 다른 이를 빛나게 해 주려는 따뜻한 마음을 가지고 있다고 보기때문이다. 신체적 우아함뿐만 아니라 다른 사람들과 관계 맺음 속에서 살아가는데 필요한 사회적 우아함의 중요성을 역설하고자 함이다. 그녀는 '현대인은 바쁘게 하루하루를 살아가면서 우아함의 공백기라 할 수 있는 시대를 살아가고 있다.'면서, '눈과 귀에 장치들을 연결한 채 마음이 저 멀리 가 있어서, 자신이 다른 사람들에게 물리적, 정서적으로 어떤 인상을 주는지 알지 못한다.'고 안타까워한다.

'구름나그네'에서 보았던 그 여자 손님들은 다른 사람의 시선에 대해서는 전혀 관심이 없었다. 자신이 다른 사람의 눈에 어떤 모습으로 비치는지 상관하지 않았다. 여러 사람과 함께하는 공간에서 다른 이에게 초점을 맞추지도, 자신의 욕구를 다스리지도 않았다. 반면에 수제 맥줏집의 그 손님은 맥주가 자신의 옷에 쏟아지는 그 황망한 순간에도 아르바이트생의 처지를 생각할 줄 알았다. 그런 상황이 그에게는 '오늘은 재수가 없네.'라고 불쾌하게 생각할 수도 있는 일이지만, 아르바이트생에게는 절대 그렇지 않다는 것을 순간적으로 알아챘다. 아니, 순간적으로 그런 생각이 갑작스럽게 생긴 것이 아니라 평소에 그런 마음 자세가 몸에 배어 있었다.

자신을 다스리며 자제심에서 나오는 편안함, 즉 사회적 우아함은 그저 생기는 것이 아니다. 카우프먼은 사회적 우아함은 신체적 우아함과 마찬가지로 노력이 필요하다고 했다. 바로 이것이 옛날부터 전해 내려오는 예의범절에 관한 책들의 요점이라고 소개한다. 예의범절을 배우고 익히듯, 올바르게 행동하려면 노력과 훈련이 필요하다는 이야기다.

조벽 교수는 『인재혁명』(해냄, 2010)에서 미래 인재가 갖추어야 할 요건을 천지인(天地人)이라고 했다. 그중에 인(人)은 남과 더불어 사는 능력인 인성을 말하는데, 인성은 생득적인 게 아니라 부단한 노력과 훈련을 통해서 길러지는 것이라 하여 실력이라고 강조한다. 카우프먼이 말한 사회적 우아함과 조벽 교수가 말한 인성이 같은 의미로 다가온다. 더구나 그 인성이 타고난 것이 아니라 '노력과 훈련'을 통해서 길러지는 것이라는 점에서 일치한다. 좋은 인성을 갖추려면, 그리고 사회적 우아함을 갖추려면 의도적인 수고가 필요하다.

나의 우아함을 보여주자

사람은 누구나 자신이 우아하게 보이길 바란다. 어느 누가 우아하지 못한 사람으로 비치기를 바라겠는가. 하지만 우아함을 갖추기 위해서는 노력과 훈련을 해야 한다는 점을 종종 잊고 있다는 데 문제가 있다. 그저 주어지지 않는 것인데도 인성과 품성은 타고나는 것이라고 잘못 생각한다.

다행히 인간은 타고난 모방자다. 인간이 다른 동물과 다른 인지적 능력을 발휘할 수 있는 것은 뇌 속에서 거울 신경세포(Mirror neuron)

가 활발히 활동하기 때문이다. 타인의 행동을 관찰하고 모방함으로써 새로운 기술을 습득하는 것이다. 그러니 우리는 우아함을 많이 보고, 자주 모방하면 지금 보다 더 우아해질 수 있다. 주위에 우아한 사람이 많으면 나도 더불어 우아해질 수 있다니, 이 얼마나 다행스러운 일인가.

한때, 버락 오바마 미국 대통령이 백악관 홀을 걸으면서 청소부와 주먹 인사를 나누는 사진이 화제가 된 적이 있다. 성큼성큼 걸어가면서 청소부들과 눈을 마주치고 미소를 지으며 주먹을 부딪치는 모습이다. 그 모습에는 지위의 높고 낮음도, 권력의 많고 적음도 보이지 않는다. 즐거움, 유쾌함, 그리고 상대에 대한 존중이 사진 속에 또렷이 담겼다. 대통령이 청소부를 백악관의 동료로, 인간으로 생각했기 때문이다.

혼자만의 우아함만을 고집하지 않고 다른 이들과의 관계에서 드러나는 우아함은 그래서 더 멋있다. 사람은 그런 모습을 보면서 느끼고 모방하게 된다. 문재인 대통령도 그런 모습을 보인다. 시민들과 거리낌 없이 셀카를 찍고, 사고 현장을 찾아 아파하는 이들을 진심으로 보듬고, 약자들과 눈높이를 맞추고 손을 잡는다. 따뜻한 우아함이다. 이와 같은 정치 지도자의 우아함은 많은 이들에게 좋은 본보기가 된다.

다만 우아함을 갖추기 위해서는 우아함을 보는 것으로 끝내서는 안 된다. 그것을 내 것으로 완벽하게 붙들기 위해서는 편안한 움직

지위와 권력의 높고 낮음이 없는 우아함　　　　　　출처: pxhere

임을 익히고, 자기 통제력을 길러야 한다. 또한 따뜻함을 나누는 연습도 부단히 해야 한다. 저절로 생기거나 길러지는 것이 아니기 때문이다.

　특별히 마련된 자리나 행사장에서 보이는 가식적인 우아함이 아니라 수제 맥주 가게에서의 그 손님의 행동처럼, 주차비 징수원의 우아함처럼 평소 우리가 살아가는 일상 속의 소소하고 가식 없는 우아함이 우리에게 더 필요한 것이 아닐까. 아름다운 몸매와 화려하고 단정한 차림새의 외면적인 우아함보다, 다른 이들의 처지에 공감하고 배려하는 내면적인 우아함이 더 큰 우아함이 아닐까. 힘들고 아파하는 주위 사람들에게 관심을 가지고 함께 살아갈 마음을 조금씩 보태는 따뜻한 우아함이 절실한 때다.

어떤 이의 우아함이 또 다른 사람에게 전염되듯, 내가 보여주는 우아함도 공기 속으로 퍼져 나간다. 그러니 고개를 들고, 다른 사람과 눈을 마주치며, 나의 우아함을 보여주자. 우리가 사는 세상에 온통 우아함이 전염되도록 하자. 그렇게 해서 모두가 우아한 세상에서 우리 모두 우아하게 살자.

이기적 유전자의 이타주의

이기적 유전자의 이타주의적 행동

진화생물학의 근원적인 딜레마가 있다. 이타주의다. 인간을 포함한 모든 유기체는 자신의 유전자를 다음 세대로 전달하는 것, 더 많은 자손을 퍼트리는 것이 존재의 목적이자 이유다. 리처드 도킨스의 『이기적 유전자』(을유문화사, 2010)를 읽고 어느 독자는 큰 슬픔에 잠겼다고 한다. 진화의 주체가 인간 개체나 종이 아니라 유전자이며 인간은 유전자 보존을 위해 맹목적으로 프로그램된 기계에 불과하다는 글을 보고, 인간의 존재 가치가 고작 그것이었냐 하는 자괴감을 느꼈기 때문이리라. 아무튼 이기적 유전자의 입장에서 보면 이타주의는 이해할 수 없는 기제임이 틀림없다. 자기 유전자를 남겨야 하는데 남을 돕는 이타주의라니….

학교에서나 가정에서 남과 이웃을 돕고 살아야 한다고 가르치고 배운다. 성경에도 있지 않은가, 네 이웃을 사랑하라. 왼손이 하는 일을 오른손이 모르게 하라는 격언도 있다. 남을 돕는 일, 그것도 아

아무런 반대급부를 바라지 않고 다른 사람을 돕는 행동을 하는 사람들이 있다. 우리는 그들을 우러러본다.

21세기 인재의 여러 조건 중에 꼭 들어가는 것이 '협업' 능력이다. 다른 사람들과 잘 어울려 서로 도우면서 문제를 해결할 수 있느냐 하는 것이 굉장히 중요한 요건이 된다. 이런 관점에서 보면, 남을 돕는 행동 즉 이타주의는 인간만이 가질 수 있는 인간 본성의 굉장히 놀라운 자질처럼 보인다. 하지만 앞서 얘기한 것처럼 이타주의는 자연 선택의 작동 방식, 즉 자신의 유전자를 후대에 전달해야 하는 생물의 이기적인 소명에는 맞지 않는 행동 기제다.

이런 역설을 해결하기 위해 진화생물학자들이 제시한 이론이 바로 친족 선택과 호혜적 이타주의다. 친족 선택(Kin selection)은 생물학적 이타주의의 일종으로, 유전적으로 근친 관계에 있을 가능성이 높은 개체들 사이에서 일어나는 이타 행위를 설명하는 이론이다. 친족 선택을 이해하기 위해서는 유전자 연관도라는 개념을 먼저 이해해야 한다. 유전자 연관도란 자신과 다른 개체가 공유하는 유전자의 비율을 의미한다. 부와 모 각각에게서 절반씩의 유전자를 물려받음으로 자식은 부모와 50%, 형제끼리도 평균적으로 50%의 유전자를 공유한다. 부모의 형제의 경우는 25%를 공유하고, 사촌은 부모와 50%를 공유하는 사람의 자식이므로 12.5%를 공유한다. DNA를 다음 세대로 물려주는 진화의 원리를 따르자면, 유전자 연관도가 높은 친족의 생존을 돕는 게 확률적으로 적절한 행동이 된다. 형제자

서로의 등을 긁어주고 털을 골라주는 침팬지 　　　　　　　출처:위키미디어 코먼스

매(연관도 50%)와 사촌(연관도 12.5%)이 물에 빠져 위험에 처한 경우, 유전자 연관도가 높은 형제자매를 구하는 것이 자신의 유전자를 후대에 남기는 데 유리하다는 의미다. 이런 선택을 설명하는 이론이 친족 선택이다.

한편, 호혜적 이타주의(Reciprocal altruism)는 보답을 염두에 두고 타인을 돕는 걸 말한다. 간단하게 표현하면 '네가 내 등을 긁어주면, 나도 네 등을 긁어주겠다'라는 의미다. 호혜적 이타주의에 대한 대표적인 예는 흡혈박쥐(Vampire bat)의 피 나눠주기다. 흡혈박쥐는 위가 무척 길고 가늘며, 식도도 가늘어 혈액 이외의 먹이는 취할 수 없다. 보통 말, 당나귀, 소의 피를 빨아먹지만 가끔 사람의 피를 취하기도 한다. 하루에 자기 몸무게(60g)의 절반에 해당하는 양의 피를 마셔야 하는데, 하루 이틀 정도 피를 먹지 못하면 생명이 위험할 수 있다. 그래서 이들은 피를 먹지 못한 동료에게 자신이 마신 피를 게워 나눠준다. 흡혈박쥐가 자신이 마신 피를 다른 박쥐에게 나눠주는 행동을 하는 이유는 다른 박쥐들도 자신에게 그렇게 행동해 줄 것을 기대하기 때문이다. 자신이 피를 마실 기회를 얻지 못해 위험에 처할 가능성이 항상 있기 때문이다.

동물뿐만 아니라 인간도 마찬가지다. 인간이 집단생활을 한 이유, 작은 집단이 커져 씨족, 부족, 국가 공동체로 나아갈 수 있었던 필요충분조건이 바로 호혜성이었을 것이다. 인간이 인간보다 더 크고, 더 빠른 포식자들로부터 살아남기 위해서는 '나' 혼자가 아니라 '우리'라는 울타리가 필요했다. 내가 다른 사람을 도와주면 다른 사람도 나를 도와줄 것이라는 믿음, 내가 가진 음식을 나눠주면 내가 음식을 구하지 못했을 때 그도 나에게 음식을 나눠줄 것이라는 신뢰가 없었다면 인간의 공동체 생활은 불가능했을 것이다.

집단주의의 해체

이렇게 각 개인이 모여서 상호 협력하며 사회생활을 영위하는 사회학적 원리를 집단주의(Groupism)라고 한다. 원시시대에 인류는 집단으로 행동하지 않으면 멸종에 처할 확률이 높은 취약한 존재였다.

뇌가 섹시한 중년

다른 동물들과 다르게 출생 후의 인간은 혼자서는 일어서지도 먹지도 못하는 나약한 존재다. 생후 1년이 지나야 겨우 걸을 수 있고, 인간보다 더 빠르고 사나운 맹수들에 비하면 성인이 되더라도 혼자서는 생존이 힘들 수밖에 없었다. 자연히 사냥, 채집, 육아 등 생존을 위해 다른 인간들과 집단을 이루어야 했고, 그 이후 지금까지 집단주의 문화를 발달 시켜 왔다.

집단주의는 '만인은 일인(一人)을 위하여, 일인은 만인을 위하여'를 원칙으로 한다. 군대나 기업이 이러한 집단주의 문화를 수용한 대표적인 집단체라고 볼 수 있다. 집단주의 가치를 기반으로 다양하고 복합적인 요소를 목표로 가지며, 집단적 자립이 가능한 거대한 집단체를 공동체라고 한다. 이러한 공동체를 통해 개인은 자신이 필요한 것을 얻으며, 공동체도 개인이 공동체의 목표와 이익을 위해 헌신하도록 하여 서로 발전하게 된다.

집단은 개인의 안전과 필요에 의해 생겨나고 개인이 그것으로부터 생존과 안전을 보장받지만, 그것이 지나칠 때는 부작용이 생겨나기도 한다. 특히 군대 문화가 대표적인데, 남북이 대치하고 있는 상황에서 대한민국의 모든 남자는 의무적으로 군대를 다녀와야 하고, 거기서 파생된 집단주의 의식이 가정과 기업, 심지어 학교까지도 영향을 미치고 있다. 개인보다 집단을 우선시하고, 개개인의 가치보다는 국가와 민족, 집단의 존재 가치를 먼저 생각하는 문화가 우리 사회에 굳건히 자리 잡고 있다.

어느 뉴스에서 유명 사립대학 응원단에 대한 문제가 제기된 적이 있다. 새로 들어온 응원단원을 훈련시키는 과정에서 선배들의 가혹 행위가 있었고, 졸업한 선배들과 모임 자리에서는 후배들에게 상식에 벗어난 선배 시중 등의 행동을 강제했다는 내용이다. 이 사건이 보도된 이후, 응원단은 오랜 전통과 역사에도 불구하고 결국 해체되고 말았다.

응원단이 받들며 지켜온 '전통'이라는 것이 응원단을 구성하고 있는 개개인의 존재와 역할은 무시한 채, 단지 응원단이라는 집단만을 신봉하는 어리석은 전통이었기 때문이다. 그동안 억눌려 왔던 개인이 이제는 더 참지 않고 그들의 이익과 가치를 내세우며 불합리한 전통에 반기를 든다. 이런 시대의 변화를 받아들이지 못하는 '집단'은 이 대학의 응원단처럼 '해체'라는 막다른 결과와 마주할 수밖에 없다.

합리적 개인주의가 필요해

사람들의 의식과 문화가 집단에서 개인 중심으로 빠르게 변하고 있다. 2017~2018 트렌드 코리아의 20가지 키워드 중에는 '개인'이 중심에 있는 것들이 많다. 2017년의 경우, 지금 이 순간을 즐기라는 '욜로 라이프(YOLO, You Only Live Once)', 혼술혼밥을 즐기는 나홀로족의 경제를 의미하는 '내 멋대로 1코노미', 집단이 아니라 개인이 생존을

요즘엔 혼밥, 혼술뿐만 아니라 혼영, 혼자 여행하는 사람도 많다

책임져야 하는 '각자도생의 시대' 등이 있다.

2018년의 경우, 작고 확실한 행복을 말하는 '소확행', 일과 개인적 생활의 조화를 일컫는 '워라밸', 개인만의 안식처 '케렌시아', 개인의 존재 가치를 스스로 드러내는 '세상의 주변에서 나를 외치다' 등이 있다.

최근의 트렌드는 개인의 가치를 매우 중요하게 여긴다. 이 시대의 흐름을 읽어내는 중요한 키워드가 바로 '개인'이라는 의미다. 현대의 개인은 개인의 안전과 생존을 국가나 기업에만 맡겨 놓거나 의지하지 않으려는 경향이 강하다. 국가나 기업이 개인을 위해 최소한의 무언가를 해 주기를 바라기도 하지만, 그렇다고 집단의 가치를 맹목적으로 신봉하며 그것에 만족하거나 안주하지 않는다. 직장이 개인의 생활과 삶을 위해 필요하다는 인식과 함께 개개인의 가치와 차이를 인정하고 또 인정받고 싶어 한다.

하지만 그동안 집단주의의 가치를 소중하게 생각하고 자신을 희생해 온 기성세대에게는 이런 경향이 지나친 개인주의나 이기주의로 비치기도 한다. 개개인이 저마다 자기 이익만을 추구한다면 결국에는 집단은 해체되고 개인만 남을 것이다. 그렇게 해서는 개인도 살아남기 어려울 것이라는 우려다. 개인과 집단의 가치 충돌과 갈등을 조정하고 합의하는 어렵고도 수고로운 과정이 지금 이 시대에 필요한 이유다. 이런 시대의 변화와 흐름의 와중에, 현직 부장판사인 문유석의 『개인주의자 선언』(문학동네, 2015)은 시사하는 바가 크다.

그는 우리 사회의 집단주의 풍토에서 오는 여러 불합리와 폐해를 지적하면서 '합리적 개인주의'가 필요한 시점이라고 역설한다. 언뜻 보기에는 어울리지 않는 '합리적'이라는 단어와 '개인주의'라는 말이 결합되어 있어 당혹스럽기도 하지만 그의 설명을 듣고 나면 이해가 된다.

인간이 사회라는 집단을 이루어 온 그 근본적인 이유-개인의 행복 추구-를 부정할 수는 없다. 그렇다고 개개인의 가치만을 추구하다 보면, 서로 간의 가치 충돌이 생길 수밖에 없다는 점을 인정하자는 것이다. 개인 간의 견해 차이를 인정하고 조정하고 타협하면서 개인의 가치를 추구하고, 개인이 해결하지 못하는 문제에 대해서는 협력과 연대가 필요하다는 주장이다. 개인의 이익과 행복을 추구하는 것을 인정하되, 그것이 다른 개인의 이익과는 충돌이 될 수 있으니 이런 점을 이해하고 조정할 수 있는 개인주의가 '합리적'이라고 설명한다.

한편 『인간의 위대한 여정』(21세기북스, 2017)에서 배철현 교수는 인간의 이타적 행동이 결국은 자신의 이익을 위한 것이라는 호혜적 이타주의론에 의문을 던진다. 그는 "인간 본성의 핵심은 이타적 유전자다. 공감, 배려, 친절, 정의, 희생, 정직 등은 이타심이라는 씨앗에서 피어난 꽃이다. 그 열매가 바로 컴패션(compassion)이다. 다른 사람의 고통(passion)을 자신도 함께(com) 느껴 그 고통을 덜어주려고 애쓰는 마음과 행동이다."라고 했다. 호혜를 바라고 이타주의를 실현하는 것이 아니라 인간은 원래 이타주의자라는 것이다. 그의 말이 옳다고 생각하고 싶다.

지금이 바로, 우리 인간이 가진 본성인 이타적 유전자의 그 근본으로 돌아가는 여정이 필요한 시점이다. 젊은 세대보다 더 긴 진화의 시간을 살아온 중년은 필요에 의해서가 아니라 본능적으로 서로

도와가며 살아가는 것이 쉽다는 것을 안다. 이제는 물질적인 것만이 아니라 마음과 여유를 좀 나누면서 살만하지 않나.

자
존

뿌리를 깊게 내린 오래된 나무처럼

깊이 베인 마음의 상처

2018년 새해는 희망적인 소식보다는 세상을 떠들썩하게 하는 사건들로 시작했다. 현직 검사로부터 시작된 '#Me Too' 운동이 연극, 문학, 방송, 정치 등 사회 전반으로 번졌고, 차기 대통령 후보로 유력하게 거론되던 전도유망한 정치인도 검찰 조사를 받는 상황에 이르기도 했다.

미투 운동의 불씨가 채 사그라지기 전에 '갑질' 논란이 다시 뉴스에 불을 지폈다. K항공 회장의 자녀 중, 항공사의 임원을 맡고 있는 한 명이 사건의 장본인이다. 그녀는 4월 16일 K항공 본사에서 열린 광고 관련 회의에서 광고대행업체 직원이 자신의 질문에 제대로 답하지 못한다는 이유로 소리를 지르면서 물컵에 담긴 물을 직원의 얼굴에 뿌리고, 유리컵을 사람을 향해 집어 던졌다는 의혹을 받았다. 이 소식이 언론을 통해 알려지면서 경찰이 내사에 착수했다.

그 직후, 〈오마이뉴스〉가 음성파일을 하나 공개했다. 누군가가 직원에게 고래고래 소리를 지르며 야단을 치는 내용이다. 잘못을 지적하고 바로잡으려는 의도가 아니라 막무가내로 악을 쓰는 상황이 적나라하게 녹음되어 있었다. 그 소리를 듣는 누구나 경악할 수밖에 없을 정도다. 그 어마 무시한 괴물의 소리를 직접 들어야 했던 누군가의 입장이 잠시 되어 본다. 몸과 마음이 굳어지면서 생각이 더 이상 나아가지 못한다.

미투 운동이나 갑질 논란을 일으킨 가해자들이 워낙 사회적으로 이름이 알려진 사람들이라 뉴스 보도는 그 사람들에게 초점이 맞춰져 있다. '저 사람이 어떻게 그럴 수가 있을까?', '얌전해 보이더니 그렇지 않네.' 그러면서 이번에는 반드시 그들의 잘못에 대해 법의 엄격한 적용과 처벌이 이루어져야 한다고 열을 올린다.

그런데 정작 우리가 더 걱정하고 관심을 가져야 할 부분은 오히려 피해자가 어떤 상처를 받았고, 다시는 그런 일이 일어나지 않도록 어떻게 방지할 것인가이다. 피해자가 누구인지 개인 신상을 파헤치고, 그들도 가해자에게 어느 정도 여지를 주지 않

미투 운동의 상징   출처: Pixabay

았나 하는 식의 가십성 관심이 아니라, 그들이 겪었을 그 길고 깊은 고통의 시간에 대해서 말이다. 성폭력, 성희롱의 피해는 물론이고 갑질 피해는 신체적인 문제도 심각하지만, 심리적인 상처와 고통이 더 크고 깊다. 몸에 난 상처는 약을 바르고 치료를 하면 나을 수 있지만, 마음에 난 상처는 쉽게 아물지도, 쉽게 치료되거나 회복되지 않는다. 가해자가 사과한다고 해서 그 고통이 작아질까? 가해자가 처벌받는다고 해서 그 상처가 아물까? 시간이 지난다고 해서 그것이 잊힐까? 한 사람의 자존감이 와르르 무너져 버렸는데.

자존감이란

정신건강의학과 의사인 박홍균은 『자존감 수업』(심플라이프, 2016)에서 자존감을 '자신을 어떻게 평가하는가, 즉 자신을 높게 평가하는가 또는 낮게 평가하는가에 대한 레벨'로 정의한다. 저자는 자존감은 자기 효능감, 자기 조절감, 자기 안정감 등 3가지의 축으로 이루어져 있다고 한다.

자기 효능감은 자신이 얼마나 쓸모 있는 사람인지 느끼는 것이다. 가정, 직장, 모임 등에서 역할이 있고, 쓰임이 있다고 느끼면 효능감이 높을 것이고 그 반대의 경우라면 효능감이 낮을 것이다. 직장 상사로부터 업무적으로 또는 감정적으로 비난을 받거나 무능하다는

뇌가 섹시한 중년

소리를 듣는다면 자기 효능감이 낮아질 수밖에 없다. 연극인으로, 시인으로 또는 비서로서 자신의 재능과 능력을 발휘하는 게 아니라 단지 성적인 대상으로 취급을 받는다면 자신이 쓸모가 있는 사람이라고 느낄 수 있었겠는가? 여러 사람 앞에서 물벼락을 맞는 경우라면 또 어떤가?

자기 조절감은 자기 마음대로 하고 싶은 본능을 말한다. 자기조절감이 높은 사람은 자기 일을 자기가 결정하고 조절한다. 다른 사람의 눈치를 보거나 다른 사람과 비교하면서, 하고 싶은 일을 하지 못하거나 주도적으로 해나가지 못하는 경우는 자기 조절감이 낮은 상태다. 특이한 경우이긴 하나 다니던 직장을 그만두고 살던 집을 팔고 세계여행을 떠나는 사람들이 있다. 이런 사람들은 자기 삶의 방식과 내용을 자기가 만들어 가는 사람들이다. 자기 조절감이 최상의 상태에 있는 사람들이라 할 수 있다.

자기 안전감은 안전하고 편안함을 느끼는 능력이다. 자신이 어디에 있든, 어떤 위치에 있든 상관없이 만족하고 안정감을 유지하는 능력이다. 미투 운동이나 갑질의 피해자는 정신적 트라우마가 생겨늘 불안하고 고통스러워한다. 집 바깥출입을 어려워하고, 다른 사람과의 만남과 관계를 피한다. 어디에서든 안전하다고 느끼지 못하게 된다. 이런 사람들은 자기 안전감이 낮아 무너진 자존감을 다시 일으켜 세우는 데 애를 먹는다.

우리는 자존감을 자신을 얼마나 사랑하느냐로 생각한다. 자신을 사랑하는 사람은 자존감이 높고, 어떤 이유에서건 자신을 사랑하지 않는 사람은 자존감이 낮다고 여긴다. 사랑에 서툰 사람에게 자기를 사랑할 줄 알아야 다른 사람을 사랑할 수 있다며, 자신을 먼저 사랑해야 한다고 충고한다. 자신을 사랑하지 않는다는 건 자존감이 무너진 상태라고 볼 수 있다. 그런 상태에서는 다른 사람을 사랑할 수 없는 건 당연한 일이다. 가끔 어처구니없게도, 세월호 선장처럼 자신을 너무나도 사랑한 나머지 직무를 잊어버리기도 하는 사람도 있다. 이런 부류의 사람은 자신은 무지하게 사랑하지만 다른 사람은 전혀 사랑할 줄 모르는 게 틀림없다. 자신에 대한 지나친 사랑이 자존감으로 이어지지 못하는 경우다.

스스로 자존감을 지켜야 하는 시대

누구나 왜 사느냐고, 어떻게 살기를 원하냐고 물으면 한결같이 행복하게 살기 위해서라고, 행복하게 살기를 원한다고 한다. 행복한 삶을 위해서는 튼튼한 자존감이 필요하다. 윤홍균은 "바야흐로 스스로 자존감을 지켜야 하는 시대다. 행복해지기 위한 온갖 방법과 글귀가 난무하지만 진짜 행복은 튼튼한 자존감에서 나온다. 건강한 자존감이야말로 요즘처럼 복잡한 시대를 살아가기 위한 가장 강력한 무기다."라며, 행복한 삶을 위해 튼튼한 자존감이 필요하다고 역설한다.

모두가 자존감을 지키며 살아가고 싶지만, 현실은 말처럼 쉽지 않다. 늘 바쁘다는 말을 입에 달고 사는 현대인은 주위 사람에게 관심과 애정을 주기 어렵다. 다른 사람의 마음과 심리를 이해하고 배려하는 여유를 갖지 못한다. 잠시 틈이 나면 스마트폰에 고개를 박고, 인터넷 기사를 검색하고 댓글을 읽거나 달고, 다른 곳으로 퍼 나르는데 열심이다. 이처럼 세상 모든 일에는 관심을 가지지만 정작 내가 관심을 가져야 할 주위 사람에게는 눈길조차 주지 않는다. 그러니 다른 사람과의 관계 맺음이 느슨할 수밖에 없다.

　게다가 스마트 시대의 새로운 관계는 맺기도 쉽지만 언제든지 끊어낼 수도 있다. 페이스북, 카카오톡·라인 친구, 밴드 동아리 등 현대인이 맺는 관계는 전통사회의 끈끈함과는 거리가 멀다. 밴드에서는 아무런 인사도, 이유도, 설명도 없이 탈퇴가 가능하고 심지어 강제퇴장을 당한다. 내 자리의 대체 가능성이 커져서 언제든지 교체가 가능하다. 가볍고 쉬운 관계성은 인간의 자존감도 가볍고 쉬운 것으로 여기게 만든다. 故 신영복 선생은 『담론』(돌베개, 2015)에서 인간의 존재를 '관계'라는 프레임으로 들여다봤다. 존재란 개별자로서가 아니라 개별자 간의 관계로 인식되고 존재한다는 것이다. 이런 인식론에 기대어 보면, 느슨하고 허약한 현대인의 관계망에서 자존감의 상실은 쉽고, 지키기는 어렵다는 것을 알 수 있다.

뿌리를 깊게 내린 나무처럼, 닻을 단단히 내린 배처럼

자존감의 상실은 쉽고 지키기가 어렵다고 해서 실망할 필요는 없다. 자존감은 스스로 회복할 수 있는 것이기 때문이다. 자존감은 나외의 다른 사람이 만들어 줄 수 없기는 하지만 자기 자신이 만들고 높이 세워나갈 수 있다. 자존감에 상처가 나고 무너지는 원인의 대부분이 외부요인이긴 해도, 그것을 극복하는 것은 결국 내가 해야하고, 할 수 있는 일이다.

우선, 자신을 되돌아보자. 자주 돌아보기를 해야 건강해진다. 그동안 내가 걸어온 길을 되돌아보고, 앞으로 나아갈 길을 살펴보자. 되돌아보면 부족하고 아쉬운 점이 없지는 않을 것이다. 젊은 시절에 좀 더 노력했으면 싶기도 하고, 다른 선택을 했더라면 하는 후회가 살아온 여정의 중간마다 또렷이 남아 있기도 하다. 그래도 자신을 도닥여주자. 지금 여기까지 오느라고 수고했다, 잘했구나, 힘들었구나, 잘 견뎌왔구나, 꽤 괜찮았다고 나를 격려하자.

그리고 존재 이유와 가치를 찾자. 국가와 민족을 지키고, 세상을 구하는 원대한 것은 아니지만 누구나 이 세상에 존재하는 이유가 있다. 내가 사랑하고, 나를 사랑하는 가족이 있고, 지금까지의 인생을 살아오는 동안 내게 따뜻한 손길을 준 사람, 내가 도움을 준 사람, 나로 인해 기뻐하고 즐거워 한 사람이 있었다. 그런 사람과 또렷한 또는 느슨하고 미약한 관계는 내가 세상에 존재할 이유가 분명히

뿌리가 단단한 나무, 하와이 릴리우오칼라니 정원

있다고 말해 준다.

나의 시간과 열정을 쏟을 그 무엇을 찾자. 그 무엇이 사람이어도 좋고, 물건이어도 괜찮고, 일이어도 좋다. 아직도 사랑할 날이 많이 남지 않았나. 사랑하는 사람을 더 사랑하고, 좋아하고 즐길 수 있는 것에 마음을 주고, 지금 내가 하는 일을 더 사랑하자. 그렇게 내 주변의 작고 소소한 것을 사랑하자. 겨울 너머 창문으로 찾아드는 봄볕도, 긴 겨울 추위를 이겨내고 다시 싹을 틔우는 나무의 작은 초록 잎도, 머리칼을 쓸고 넘어가는 바람도 사랑해 보자.

나를 다시 세우는 노력이 자존감을 튼튼하게 만들어 줄 것이다.

건강한 자존감을 가진 사람은 다른 사람의 칭찬이나 비난에 쉽게 흔들리지 않는다. 칭찬에 쉽게 춤추지도 않고, 비난에 쉽게 상처받지 않는다. 뿌리를 깊게 내린 나무처럼, 닻을 단단히 내린 배처럼, 세상에 흔들리지 않게 자존감을 다시 일으켜 세우자.

뇌가 섹시한 중년

배움

나이를 잘 먹는 법

나이 듦에 대한 두려움

박근혜 전 대통령이 검찰에 출두하는 날 이른 아침, 나는 자택 뒤에 있는 초등학교 운동장에 있었다. 측근들이 자주 드나들던 자택의 입구 쪽에 초등학교 후문이 있는데, 학생 등교 안전 문제를 염려해서 점검차 출장을 간 것이다. 박 전 대통령의 검찰 출두를 막기 위한 지지자들의 시위가 경찰과의 물리적인 충돌을 일으킬 것으로 예상되어 모두들 걱정이 많았다. 해당 초등학교 교장·교감 선생님, 담당 교육청과 구청 직원들, 자원봉사자, 학부모들이 모두 아이들의 안전을 위해 나와 있었다.

예상했던 대로 아침 일찍부터 시위자가 모여들었다. 대부분이 60대 이후로 보이는 연세가 좀 드신 분들이었다. 박 전 대통령의 검찰 출두를 반대한다는 글이 적힌 각종 피켓과 태극기를 흔들며 목소리를 높였다.

등교하는 학생들의 안전을 위해 그 자리에 있었지만, 시위를 지켜

뇌가 섹시한 중년

보며 안타까운 마음이 들었다. 그분들이 살아온 날과 그들이 가진 신념이 잘못되었다는 생각에서가 아니라, 그 자리에서 그분들이 쏟아내는 정제되지 않은 말과 거친 행동에 공감할 수 없었기 때문이다. 학생 안전을 위해 봉사하러 나온 분들에게 왜 쳐다보냐고 고함을 지르고, 욕설을 내뱉고, 차도에 드러눕는 모습은 자기 의사를 강하게 표현하려는 의도라고 이해하더라도 결코 어른다운 행동이 아니었다. 좀 더 우아하고 품위 있게 행동할 수는 없었을까? 자기 생각과 신념을 좀 더 지혜롭게 표현할 수는 없었던 걸까?

한참 동안 시위 현장에서 그분들의 모습을 지켜보면서 나이 드는 것이 슬며시 두려워졌다. 세월이 좀 더 지나, 나이가 더 들면 나 역시 저런 모습이 될까? 우아하고 품위 있는 늙은이가 될 것이라고 다짐하지만, 지나온 시간의 집채 같은 파도가 그런 생각과 다짐을 모두 삼켜 버리지 않을까? 낡은 관념에 사로잡혀 세상의 변화를 외면하는 외골수 늙은이가 되는 건 피할 수 없는 일인가? 내 생각이 옳다고만 고집하며 자식들, 젊은이들과의 대화와 소통을 내가 먼저 거부하지는 않을까?

나이 듦은 낡음이 아니라 새로움에 관한 것

누구나 세월의 무게에 짓눌려 버린다는 것은 슬픈 일이다. 하지만 세상에 그렇지 않은 사람도 많으니 분명히 방도가 있지 않을까?

　중년 이전에는 열심히 앞만 보고 내 달렸지만, 이젠 뒤를 돌아보기도 하고, 현재보다 먼 미래도 내다봐야 한다. 무엇이 될 것인가 보다, 어떻게 살 것인가, 어떻게 살아가야 할 것인가에 대해 자주 생각해야 외골수 늙은이가 되지 않는다. 『나이 드는 법』(앤 카르프, 프런티어, 2014)에서 앤 카르프가 한 말을 들어보자.

　　육체는 변화하지만 동시에 우리가 완고하고 강박적으로 낡은 패턴을 반복하지 않는 한 우리는 성숙한다. 따라서 나이 듦은 낡음이 아니라 새로움에 관한 것이다. 우리의 뇌, 정신, 관계 능력은 충분한 음식과 사랑, 건강, 격려가 있으면 모두 발달하고 성장한다.

　신체적으로는 젊음을 이겨낼 수 없다. 아무리 애를 써도 우리 몸을 이루는 세포는 퇴화와 소멸의 길을 걷는다. 과학의 도움을 받으면 일시적으로 재생의 기쁨을 누릴 수 있겠지만 이마저도 오랫동안 지속하지 못한다. 그렇다고 실망할 필요는 없다. 다행히 우리의 뇌와 정신은 우리가 노력한다면 신체의 쇠퇴를 재빨리 쫓아가지 않는다. 당연하다는 생각에 반기를 들 필요가 있다.

　『백 년을 살아보니』의 김형석 옹은 1920년에 태어났으니 2019년에 나이 100세가 된다. 그런데도 책을 쓰고 강연을 한다. 2시간 강의를 내내 서서 할 정도의 체력은 안 되지만, 그의 강의를 들으면 인간은 나이가 들어가더라도 여전히 정신이 발달하고 성장한다는 사실을 눈으로 직접 확인할 수 있다. 우리의 뇌와 정신이 신체의 쇠락을 열심히 따라가지 않는 사례는 이 밖에도 수없이 많다.

시간에 따른 신체적 쇠퇴를 되돌리거나 막을 방법은 없지만, 우리의 뇌와 정신을 더욱 오래도록 지속시킬 방법은 분명히 있다. 그러기 위해서는 수십 년 동안 신줏단지 모시듯 지켜 온 낡은 패턴을 반복하지 않으려고 노력하고 새로운 것을 받아들이는 데 주저하지 않아야 한다. 굳어가는 뇌에 꾸준히 자극을 주면서 정신에 맑은 산소를 계속 공급하는 것이다. 책을 읽고, 산책하고, 벗들을 만나고, 낯선 이들과 새로운 관계를 맺는 것이 좋다. 그래야 나이 듦이 낡음이 아니라 새로움에 관한 것이 된다.

배움을 지속하라

에도 시대의 유학자이자 막부의 관리이기도 했던 사토 잇사이(1772~1859)는 『언지록(言志錄)』이라는 수상록에 다음과 같은 말을 남겼다[『자네 늙어봤나 나는 젊어봤네』(도야마 시게히코, 책베개, 2015)에서 인용].

어려서 배우면 커서 이루는 것이 있고
커서 배우면 늙어도 쇠하지 않으며
늙어서 배우면 죽어도 썩지 않는다.

초·중·고등학교와 대학에서의 배움은 자신의 꿈을 이루기 위해서다. 그것이 직업을 얻는 것이든, 자신의 꿈을 성취하는 것이든 꿈을 이루기 위한 준비 과정이다. 미래를 위한 투자다. 이때의 배움은 목표를 세워 하나둘 성취해 나가는 보람은 있겠으나, 불확실한 미래에 대한 두려움과 부담감을 동반한다. 배움이 강제적이고 타율적이라서 그렇다. 학교, 학원을 돌고 도는 배움의 길이 대입 시험을 치르고 나면 끝날까 싶지만, 곧 취업 시험을 위한 또 다른 고난이 기다리고 있다. 배움이 지겹고 힘들 수밖에 없다.

중년의 배움은 젊은 시절의 그것과는 다르다. 이 시기의 배움은 대부분 자발적이고 자율적이다. 인생 2막을 준비하기 위해 또다시 타율적 배움의 길로 들어서야 하는 경우도 있겠으나 스스로 배우고자 하는 열의를 가지는 경우가 많다. 전공과는 다른 분야, 자신의 생업과는 상관없는 것을 배우고 익히려는 욕구가 배움을 이끈다. 젊은 시절에 하고 싶었으나 하지 못했던 것을 찾고, 취미나 여가 생활을 즐기기 위해 적극적으로 배움에 나선다. 그래서인지 이 시기의 학습은 그 어느 때보다 즐겁다. 하고 싶은 마음에 자발적으로 하는 것이기 때문이다.

하지만 그렇지 않은 사람도 있다. 더 배우지 않고도 자신의 생업을 유지할 수 있다고 생각하는 경우, 지난 시간의 지식과 경험으로 충분히 살아갈 수 있다고 생각하는 경우, 또 다른 배움은 귀찮고 성가신 일일 뿐이라고 생각하는 사람에게 새로운 배움은 일어나지 않는다.

그동안 열심히 살아왔으니, 이제는 좀 쉬면서 편하게 살고 싶어 하는 사람도 많다. '뭣 하러 이 나이에 배운다고 고생을 한단 말이야'라고 생각한다. 이렇게 되면 진짜 늙음이 시작된다고 이기주는 『언어의 온도』(말글터, 2016)에서 말한다.

느끼는 일과 깨닫는 일을 모두 내려놓은 채 최대한 느리게 생을 마감하는 것을 유일한 인생의 목적으로 삼는 순간, 삶의 밝음이 사라지고 암흑 같은 절망의 그림자가 우리를 괴롭힌다. 그때 비로소 진짜 늙음이 시작된다.

우리는 진짜 늙음이 너무 일찍 시작되지 않도록 배움을 게을리하지 말아야 한다. 그렇지 않으면 빠르게 늙은이가 된다.

새로운 관계 맺음을 하라

〈인턴〉(워너 브라더스, 2015)이라는 영화를 감명 깊게 본 적이 있다. 영화는 은퇴 후, 집에서 쉬고 있던 70세인 벤(로버트 드니로)이 30세의 젊은 여자 CEO 줄스(앤 해서웨이)가 창업한 인터넷 쇼핑 회사의 시니어 인턴 채용 면접에 응시하면서부터 시작된다.

나이 듦은 새로움에 관한 것이다

두 사람의 생각은 애초에 서로 다르다. 벤은 자신의 삶에서 가치와 기쁨을 얻기 위해 용기를 내어 도전한 것이고, 줄스는 시니어 인턴 채용을 사회적 공헌과 연관 지어 단지 회사 이미지 관리를 위한 프로그램의 하나로만 간주한다. 회사에 채용된 벤은 타고난 성실성과 인생의 풍부한 경험, 그리고 사람에 대한 따뜻함으로 젊은 동료들로부터 신망을 얻는다. 시간이 지나면서 그를 따르는 직원들이 많

뇌가 섹시한 중년

아진다. 따뜻한 삶의 지혜로 젊은 직원들의 상담에도 친절히 응해주는 벤에게서 나이 듦의 새로움을 발견했기 때문이다. 그뿐만 아니라 직장 내의 마사지사로 일하는 아름다운 피오나(르네 루소)와 아기자기한 연애도 한다.

한편, 젊은 나이에 회사를 창업하여 짧은 기간 동안 제법 잘 나가는 회사로 만든 줄스. 회사의 성장을 위해 새로운 CEO를 영입해야 한다는 압박, 남편과의 관계, 아이의 양육 등 직장과 가정에서 해결해야 할 고민과 어려움이 많다. 시간이 지나면서 벤은 줄스의 고민을 들어주고 때로는 삶의 경험에서 우러나오는 조언으로 그녀를 위로하고, 더 나은 결정을 내릴 수 있도록 돕는다. 그녀가 처음엔 대수롭지 않게 생각했던 시니어 인턴 벤이 그녀의 멘토 역할까지 해 주게 된 것이다.

우리는 이 영화에서 성공한 젊은 CEO 줄스가 아니라, 시니어 인턴으로 인생의 제2막을 시작하는 벤의 모습에 주목해 볼 필요가 있다. 늙고 은퇴한 그리고 배우자도 없이 홀로 외롭고 쓸쓸하게 무료한 시간을 보낼 것으로 예상되는 나이 일흔의 벤. 그는 새로운 세상으로 용감무쌍하게 다시 걸음을 내디딘다. 낯선 세상에 자신을 놓으면서 새로운 관계 맺음에 도전한다. 그가 새로운 직장에서 한 일은 힘들어하는 사람들의 이야기를 들어주고, 자신이 살아온 경험을 통해 얻은 지혜를 나누어주고, 아픈 이들을 격려한 것이다. 누구보다도 그가 잘할 수 있는 일이지만 인생을 그처럼 오래 살지 않은 다른 이들은 잘할 수 없는 일이기도 하다. 그의 어린 동료들은 위로와 격려를 받으면서 용기를 얻고, 자기 존재의 가치를 느끼게 된다. 그들로부터의 지지가 벤에게도 더욱더 활기차게 살아가는 새로운 에너지가 된다.

벤은 자신을 낯선 곳에 두기를 주저하지 않았고 당당히 맞섰다. 자신이 가지고 있는 것을 그대로 드러냄으로써 젊은 CEO, 최신의 유행을 살아가는 젊은이, 새로운 감각과 기술로 미래를 준비하는 사람과 소통할 수 있었다. 새로운 관계 맺음을 통해 나이 듦이 낡음이 아니라 새로움에 관한 것이라는 것을 증명해 보였다.

자신의 머리로 생각하라

우리도 벤처럼 살 수 있을까?

일생의 후반기를 시들지 않는 지성으로 살아가기 위해서는 자신의 머리로 생각하는 힘을 가져야 한다. 젊은 시절의 사고력과는 다르겠지만, 스스로 생각하는 힘이 있어야 정신의 유연함을 유지할 수 있다. 신체적 유연성은 점점 줄어들어도 생각과 사고의 유연성은 우리가 어떻게 하느냐에 따라 달라질 수 있다.

사고의 유연성이란 자기 삶의 한 단계에서 고수했던 규범적인 생각이 다른 단계, 다른 인생의 시점에서는 적당하지 않음을 받아들이고 과감히 버릴 수 있는 것을 말한다. 그렇다고 젊은 시절의 가치관과 신념을 모두 버리는 것이 옳다는 것은 아니다. 지킬 것은 지켜야 하는 것 또한 필요하다. 다만, 새로운 것과 변화하는 것에 대해 거부감을 갖지 않는 것, 변화 가능성을 받아들이는 것, 그리고 때로는 과감히 변화할 수 있어야 한다.

자신의 머리로 생각하는 힘을 기르는 방법 중에는 책 읽기가 가장 좋다. 책을 읽으면 직접 경험할 수 없는 것을 경험하고, 다양한 생각과 사상을 접하기 쉽다. 그뿐만 아니라 낯선 상황과 환경에 자신을 놓을 수 있는 기회가 많아진다.

미술관 여행은 뇌를 유연하게 한다_싱가포르 국립미술관

책 읽기에는 알파 읽기와 베타 읽기가 있다. 두 가지 읽기가 어떤 것인지 알면 책 읽기를 좀 더 효율적으로 할 수 있다. 알파 읽기는 이미 알고 있는 말과 표현을 읽는 스타일이다. 쉬운 소설이나 수필 읽기 등을 말하는데, 그때까지 키워온 독서력이나 인생 경험을 바탕으로 하는 책 읽기다. 중년 시기의 알파 읽기는 나의 인생과 견주어 생각해 봄으로써 젊었을 때의 독서와는 다른, 심도 있는 독서가 된다. 자신의 인생관이나 가치관, 신념에 살짝 맛을 더해 인생 맛의 깊이를 더 할 수 있다.

반면에 베타 읽기는 난해하거나 전혀 알지 못하는 표현 형식 또는 내용을 읽는 스타일이다. 자신의 전공이나 직업 분야와는 다른 분야의 독서를 말하는데, 이해하기 힘들고 진도가 잘 안 나가지만 상상하고 생각하고 사색하는 힘을 길러준다. 가끔은 어렵고 낯선 책을 읽는 것이 생각하는 힘을 기르는 데 큰 도움이 된다. 이런 베타 읽기가 자신을 낯선 곳에 두는 또 다른 방법이기도 하다. 무엇을 하던 중요한 것은 자신의 머리로 생각하는 연습을 게을리하지 않는 일이다.

나이 들어가는 것은 예측할 수 있지만, 남은 인생이 어디로 어떻게 흘러갈지 예측할 수는 없다. 그 예측할 수 없는 시간을 나름의 계획에서 크게 벗어나지 않게 흘러가도록 만들기 위해서는 만만찮은 노력이 필요하다.

배우기를 두려워 말고, 자신의 머리로 생각하고, 그러면서 새로운 사람들과 소통하고 배려하면서 인생 황금기인 중년을 보내자. 그러면 영화 '인턴' 속의 벤과 같은 나이가 되었을 때도 나이에 주눅 들지 않고 새로운 일에 도전하면서 아름다운 노년을 살아갈 수 있다. 아니 단지 아름다운 노년을 준비하기 위해서가 아니라 지금의 이 시기를 더욱 즐기면서 사는 방법이다.

독서

책 읽는 중년은 멋져 보인다

몽테뉴의 독서 예찬과 우리의 민낯

은퇴 이후 그것(독서)이 나를 위로한다. 독서는 괴롭기 짝이 없는 게으름의 짓누름으로부터 나를 해방시켜준다. 그리고 언제라도 지루한 사람들로부터 나를 지켜준다.

몽테뉴의 수상록에 있는 문장인데, 알랭 드 보통의 『철학의 위안』(청미래, 2012)에 소개된 내용이다. 이 짧은 문장은 노년의 철학자가 독서로부터 얻는 도움이 한둘이 아님을 말해준다. 직업으로부터 그리고 일에서 벗어난 이후 무료해지고 게을러지기 쉬운 나날에서 벗어날 수 있는 길이 독서라고 한다. 독서는 무료함으로부터 자신을 보호하고, 책 속의 다른 세상에서 흥미와 재미를 발견하게 한다. 독서가 지독한 통증을 잊게 하거나 완화해준다고 했던 걸 보면, 그는 아마도 몸도 성치 못하고 때로는 심한 통증에 시달리기도 했던 모양이다. 그럼에도 통증이 심해 책을 읽지 못할 정도가 아니라면 늘 독서를 했을 것이라는 걸 짐작할 수 있다. 때론 침울하고 우울한 생각이 들 때도, 그저 책에 의지하기만 하면 무기력한 심연에서 벗어날 수 있다고 한다. 그러니, 어찌 독서를 하지 않겠는가?

그러나 우리의 현실은 어떤가? 문화체육관광부가 의뢰하고 한국 출판연구소에서 수행한 〈2017년 국민 독서실태 조사〉 결과를 통해 살펴보자. 이 조사는 전국의 만 19세 이상 성인 남녀 6,000명과 전국 초중고 학생 3,329명을 대상으로 2017년 11월부터 40일간 실시한 것이다.

지난 1년간 일반 도서를 1권 이상 읽은 사람의 비율을 의미하는

아침활동시간에 독서지도를 하는 초등학교

뇌가 섹시한 중년

연간 독서율(종이책 기준)에서 성인은 59.9%, 초중고 학생은 91.7%로 나타났다. 이 수치는 '15년 대비 각각 5.4%, 3.2%가 감소한 것이다. 쉽게 표현하면 1년에 책을 단 한 권도 안 읽는 사람이 성인은 10명 중의 4명, 학생은 1명이라는 의미다.

연간 독서량을 보면 성인은 8.3권, 학생은 28.6권(초 67.1권, 중 18.5권, 고 8.8권)인데, 이 수치도 2년 전보다 각각 0.8권, 1.2권 감소했다.

조사 보고서는 이러한 독서율, 독서량 감소의 원인을 경쟁적인 학업 및 취업 준비(대학생), 사회생활(직장인) 등으로 대다수 성인이 시간적, 정신적 여유가 줄고 독서습관이 부족하며, 스마트폰의 일상적 이용과 같은 매체 환경의 변화에 따라 독서에 투여하던 시간과 노력이 줄어들고 있기 때문이라고 분석하고 있다. 이러한 분석 결과에 따르면, 앞으로도 위와 같은 독서의 부정적인 환경이 개선될 여지가 별로 없음으로 2019년도 이후의 독서실태 조사 결과가 어떤 모습일지 예측해 볼 수 있다. 독서율과 독서량은 더욱 하향 곡선을 그릴 것이 분명하다.

학생의 연간 독서량을 좀 더 자세히 살펴보자. 초등학교에서 고등학교로 올라갈수록 독서량이 급격히 줄어든다. 초등학생은 보는 책이 주로 동화책이라 분량이 적은 것이기도 하고, 아침 독서 등 학교에서 독서를 적극적으로 권장하는 프로그램이 많아 독서를 많이 하게 된다. 중학생이 되면 본격적으로 성적을 위한 공부에 시달리게 되고, 학원 등을 다니느라 책을 가까이할 시간이나 환경이 부족해지기 시작한다. 한 달 5.6권(초)에서 1.5권(중)으로 급격히 줄어든 독서량이 그것을 말해 준다.

고등학생이 되면 문제는 더 심각해진다. 한 달에 1권도 채 읽지 못한다. 입시 준비를 위해 교과서나 참고서 외에 다른 책을 볼 여력이 아예 없어서다. 그뿐만 아니라 책을 손에 잡고 있을 마음의 여유도 없어진다. 심지어 교과서나 참고서 외의 책을 가지고 있다가는 선생님이나 부모에게 혼나기도 한다. 인간의 발달 단계를 고려했을 때, 사실 이 시기에 독서가 가장 활발히 이루어져야 함에도 다양한 독서를 거의 하지 못한다.

이러한 경향은 고등학교 졸업 이후, 대학 생활과 사회 생활로 이어진다. 학창 시절의 좋지 않은 영향은 결국 성인의 낮은 독서율로 나타난다. 고등학생의 독서량(8.8권)과 성인의 독서량(8.3권)이 비슷한 결과가 그것을 말해준다. 고등학교 이후에는 독서량이 더 늘지 않는 것이다.

여러분에게 책 읽기를 열심히 권한 사람은 누구인가? 학창 시절의 선생님이나 부모님일 것이다. 성인의 과반수(57.5%)는 과거 학생 시절에 부모나 교사로부터 책 읽기를 권장 받은 경험을 가지고 있다. 성인의 연간 독서율(59.9%)과 매우 유사한 수치다. 학생 시절에 책 읽기를 권장 받은 사람이 성인이 되어서도 계속 책을 읽는 비율이 높게 나온다는 분석 결과를 보면, 두 가지 수치가 서로 연결되어 있다고 생각하는 것에 무리가 없을 듯하다.

뇌가 섹시한 중년

이번 조사 결과에서 놀라운 점이 있다. 교사(56.4%)가 학생에게 독서를 권장하는 비율이 부모님(59.5%)보다 낮다는 것과 교사의 절반가량(43.6%)이 독서를 권장하지 않는다는 점이다. 모든 교사는 학생에게 책 읽기를 권장하는 것이 당연하고, 또 모든 교사가 그러리라 생각하는데, 조사 결과는 그렇지 않다고 말한다. 이유가 뭘까? 책을 읽는 것은 학업 성적에 도움이 되지 않으리라 생각해서일까, 아니면 교사 자신이 독서를 하지 않기 때문일까?

중년의 독서가 참 좋다

부모나 교사가 책을 읽으라고 권장하지 않더라도 책을 읽으면 좋다는 점을 누구나 안다. 어릴 때의 독서와 대학생의 독서가 다르고, 성인이 되어서의 독서 목적이 다르긴 하지만, 남녀노소 할 것 없이 누구나 책을 읽어야 한다고 생각한다. 생각이 실천으로 이어지기가 쉽지 않을 뿐이다. 학창 시절이나 사회 초년생 시절보다 중년은 책 읽기에 더 좋은 시기다. 왜 그럴까? 중년의 독서가 좋은 점은 무엇일까?

우선, 책 읽는 중년은 멋져 보인다. 커피점이나 공원에서 책 읽는 중년 남녀를 본 적이 있는가? 카페에 가면 책 읽는 사람을 자주 볼 수 있다. 하지만 그들은 대부분 학생이다. 일반적인 독서라기보다는 리포트를 준비하거나 시험 공부를 하는 경우다. 가끔 중년이 책 읽는 모습을 보기도 한다. 커피 한 잔을 앞에 두고 부부가 책을 읽는 모습, 창가에 앉아 혼자 책을 읽는 남자, 읽던 책을 탁자에 엎어 두고 물끄러미 창밖을 바라보는 여자. 그들의 모습이 정말 멋있지 않은가? 공공 도서관에 가 보라. 고개를 숙이고 책을 읽는 중년을 더 많이 볼 수 있다. 노안이라 책을 좀 멀찍이 들고 있기도 하고, 코에 돋보기안경을 올려놓기도 하지만 책 읽기에 몰두하는 중년의 모습은 너무나 아름답다.

둘째, 중년의 독서는 살아온 경험과 지식을 조화시킬 수 있다. 학생 때 책 읽기는 자신이 책을 선택해서 읽기보다는 학교에서 제시하는 과제로 또는 시험 공부를 위한 목적으로 이루어진다. 자신이 읽고 싶은 책, 관심이 있는 분야의 책을 읽을 시간과 여유가 없다. 설령 시간을 내어 읽는다고 하더라고 내용을 다 이해하거나 소화하기 쉽지 않다. 책의 내용을 이해하는 지식이 부족해서가 아니라 삶의 경험이 부족해서다. 그래서 학창 시절에 읽었던 책을 중년에 다시 읽으면 색다르다. 중년의 독서는 삶의 경험이 책 속으로 스며들어 학창 시절의 독서와 다르기 때문이다. 중년에 하는 독서는 저자의 삶과 독자의 삶이 어우러지면서 두텁고 깊은 내면의 세계를 만들어준다. 독서를 통해 얻은 지식이 내 삶의 지혜가 된다. 중년에 하는 독서가 좋은 이유다.

책 읽는 모습은 언제나 멋있다   출처: Pixabay

셋째, 중년의 독서는 생각을 유연하게 한다. 나이가 들면 생각이 굳고 경직되기 마련이다. 인생의 절반을 살아오면서 만들고 다듬어 온 나름의 가치관과 주관, 신념이 있지 않은가. 그것이 지금까지의 나를 지탱해 온 것이기도 하다. 그것이 무너지면 끝이라는 생각을 하는 사람도 없지 않다. 그렇게 되면, 나와 다른 생각을 '다르다'가 아니라 '틀렸다'라고 판단하게 된다. 틀렸다고 생각하면 벽을 쌓게 되고 갈등이 생긴다. 그러니 변하지 말아야 할 최소한의 소중한 것을 중심에 세우고, 세상의 변화를 받아들여야 한다. 나와 다른 생각과 가치관, 신념도 존재할 수 있음을 이해할 수 있어야 한다. 세상은 다양한 '다름'이 모여서 어울려 살아가는 것이라는 것을 독서를 통해 얻을 수 있다. 생각을 말랑말랑하게 하는 것이다. 그러면 남은 인생의 절반이 즐거워진다.

넷째, 중년의 독서는 무료한 시간으로부터 자신을 해방해 준다. 중년이 되면 시간적 여유가 생긴다. 일과 직장을 위해 온몸을 불사르겠다는 생각도 옅어졌다. 야근과 회식 이어지는 술자리도 어느덧 심드렁해진다. 자녀들은 대학 입시에 바쁘거나 대학을 다니고 있을 시기라 부모의 손길이 덜 필요해진다. 시간이 남는다. 이런저런 동아리 모임에도 기웃거려 보지만 한창때처럼 열의가 오래가지 않는다. 많아진 시간이 무료해지는 것이다. 그러니 책을 읽자.

중년에게 주어진 시간은 어쩌면 젊은 시절 열심히 살아온 날들에 대한 보상일지도 모른다. 중년은 미래를 마냥 기다리는 시기가 아니라 현재를 가장 여유롭게 즐길 수 있는 시기이다. 잊고 지냈던 내 안의 욕망을 다시 일깨우고, 그동안 하고 싶었던 것을 찾아보는 시기이다. 책을 읽으면서 새로운 인생 후반전을 향해 달려가자.

이런 여러 가지 이점에도 불구하고 책 읽기를 꾸준히 하기는 쉽지 않다. 우리 시대의 글쟁이 고종석도 『쓰고 읽다』(알마, 2016)에서 이렇게 말하지 않았나.

책을 많이 읽는 사람이 덜 읽는 사람보다 꼭 더 지적이거나 현명한 건 아니야. 그러나 책은 우리가 직접 겪을 수 있는 세상보다 훨씬 더 넓은 세상을 간접적으로나마 체험하게 해 주지. 그리고 삶에 재미를 주지. 재미!

고종석의 말처럼 책을 많이 읽는 사람이 더 지적이거나 현명한 건 아니다. 책을 읽지 않는다고 해서 무식하거나 지혜롭지 못한 것 또한 아니다. 책을 읽지 않아도 현명한 사람은 많다. 하지만 책을 읽으면 재미있다. 다만 그 재미를 알게 되기까지 책을 읽는 습관을 들이기가 쉽지는 않다. 일단 습관이 되고 나면 책을 읽는 재미가 여간 쏠쏠한 것이 아니다. 게다가 멋져 보이기까지 하지 않나. 그러니 중년들이여, 책을 읽자. 책을 읽으며 멋지고 말랑말랑하게 살자.

글로 남기는 삶의 흔적

글쓰기의 시작

인터넷에서 개인 블로그를 시작한 때는 정확히 2005. 8. 27.이다. 오늘(2018. 4. 8.)이 4,606일째가 된다. 12년이 훌쩍 넘었다. 내 블로그의 역사가 어떻게 되는지, 어떤 모습을 하고 있는지 정보를 찾아봤다. 블로그에 올린 글은 모두 398개이고, 840개의 댓글, 90,714명의 방문 횟수 등이 나의 블로그 흔적이다. 평균 12일에 하나 정도의 글을 썼고, 글 하나에 두 개 정도의 댓글이 달렸고, 하루에 20명 정도가 블로그를 방문했다는 결과다. 이 결과를 놓고 보면 블로그에 글을 부지런히 쓰지도 못했고, 블로그를 운영해온 기간에 비하면 방문자도 많지 않다. 처음 블로그를 개설할 때, 내가 쓴 글을 누군가에게 보여 준다는 생각보다는 내 삶의 흔적을 남기고 싶다는, 인터넷에 일기장을 하나 만든다는 생각이 강했기 때문이었을까.

블로그를 시작하면서 '시작'이라는 제목으로 처음 써 놓은 글이다.

이집트에 온 지도 벌써 일 년 반이 지났다.

시작이 반이라더니 벌써 임기의 반이 훌쩍 지나 버린 것이다.

뭔가 발자취를 남겨야 하겠다는 생각에 블로그를 하나 만들었다.

학교에서의 일들,

채 1년도 되지 않았지만, 부쩍 재미를 붙인 골프 이야기,

그리고 여행 이야기들을 하나둘씩 만들어 가고자 한다.

블로그를 처음 시작한 2005년은 이집트 카이로에서 생활하고 있
을 때다. 2004년 2월에 이집트 카이로 한국학교장으로 부임하여,
그곳 생활이 18개월 정도 지난 후라서 어느 정도 낯선 환경에 적응
도 하고 마음의 여유도 생겼을 즈음이다. 지나가는 시간이 아깝다
는 생각이 들었다. 내게 주어진 그 특별한 시간에 대한 추억과 일상
에 대한 흔적을 남겨 놓고 싶었다. 외국에서의 생활, 그것도 고대 문
명이 여전히 현재에 살아 숨 쉬는 이집트에서의 낯설지만 특별한 시
간을 오랫동안 붙잡고 싶은 마음이었다. 블로그 처음 이름을 '카이
로의 전설'로 정했다. 언젠가 시간이 한참 흐른 다음에 카이로에서의
생활을 전설처럼 느끼고 싶었고, 그 시절을 전설로 만들고 싶다는
조금 유치한 생각이었다.

초기의 글은 카이로의 이국적인 생활, 카이로 한국학교에서 근무
하면서 겪는 경험, 학교 스쿨버스 운전사 오마르와 파우지, 경비원
아흐메드, 청소부 라니야 등 학교에서 일하는 이집트 직원들과 소소
한 일상, 그곳에서 배우고 즐기기 시작한 골프(2004년 9월에 배우기 시작

뇌가 섹시한 중년

했는데, 2007년과 2008년 클럽 챔피언을 했으니 '카이로의 전설'이기도 했다.), 그리고 이집트에서 가까운 유럽 여러 나라와 이스라엘, 요르단 등 인근 국가를 다녀온 여행 경험을 글로 남겼다. 나름 중요한 일, 기억할 만한 일을 기록한다는 생각이었는데, 지금 다시 살펴보니 매일 일기처럼 하루하루의 일상을 좀 더 자세하고 꼼꼼하게 기록해 두지 못한 게 못내 아쉽다.

4년의 임기를 무사히 마치고 2008년에 귀국한 후에는 주로 책을 읽고 그 느낌과 생각을 다른 사람과 나누고자 하는 글을 썼다. 좋은 책을 읽고 나면, 그 책을 나 아닌 다른 사람도 읽었으면 좋겠다고 생각했다. 후배들과 독서 동아리를 만들어 좋은 책을 공유하고, 책을 읽고 생각을 나누기도 했다. 그런 활동의 기록이 하나둘 쌓여 한 권의 책이 되었다. 블로그에 써 놓은 글을 수정하고 다듬어서 2017년 말에 인문 독서 에세이 『책의 이끌림』(북랩, 2017)을 출간했다. 읽은 책 중에서 울림이 크고, 생각을 다시 하게 하는 자극을 준 책을 소개하고, 그 책을 통해 공유할 수 있는 지혜와 감동을 담으려고 노력했다. 책을 통해 느끼는 점은 사람마다 다르겠지만, 누군가의 감동을 통해 그 책이 또 다른 이의 손으로 갈 수 있었으면 하는 바람을 담았다.

가끔 블로그를 들여다보며 이전에 쓴 글과 사진을 들춰 보는 재미가 쏠쏠하다. 카이로 생활의 힘들고 어려웠던 일, 낯선 사람과의 즐겁고 행복했던 느낌, 해결점을 찾지 못해 고민하고 괴로워하며 밤을 지새웠던 사건을 다시 접할 때마다 그 당시의 두근거림이 다시 내 몸에서 꿈틀거린다. 오래된 일기장을 한 장 한 장 넘겨보는 느낌이 이런 걸까.

블로그에 있는 글 하나를 옮겨왔다.

제목: 운전사 Mohamed(2006. 3. 23.)

모하메드는 내 개인 운전사다.

나이는 서른다섯, 아직 총각이다.

키는 나보다 작은 165cm 정도인데 몸무게는 정확히 100kg이다.

제법 뚱뚱한 편이기는 하지만 이집트에서는 그리 심하다고 볼 수는 없다.

내 차를 운전한 지는 한 6개월쯤 된다.

원래 대사관에서 대사관 직원 개인차 운전을 하다가, 그분이 귀국하는 바람에 일자리를 잃었다.

대사관 총무 서기관이 부탁하기에 쓰기로 하고서 지금까지 일한다.

영어도 조금 할 줄 알아서 의사소통에는 별문제가 없다.

카이로의 길도 아주 잘 알아서 별로 막히는 법이 없다.

주소만 알려 주면 어디든 찾아간다.

또 버스 운전면허도 없는 놈이 버스 운전도 잘한다(개인 운전사를 쓰는 이유 중에 하나가 비상시 학교 버스 운전).

싹싹하고 운전도 잘해서 카이로 떠날 때까지 일해 주었으면 하는

뇌가 섹시한 중년

바람이다.

근데, 요즘엔 고민이다.

2월에는 엄마가 아프다고 며칠, 그러다가 자기가 아프다고 며칠 결근을 했다.

한 달에 일을 반도 안 해서, 도저히 월급을 다 줄 수가 없어 반만 주려다가 200파운드만 깎고 줬다(월급이 800파운드, 한화 15만 원 정도).

그랬더니 No problem 하면서도 구시렁댄다.

이집트인은 아무리 친절하다가도 돈이 관계되면 싹 변하는 게 특성이다.

이번 달에는

급히 엄마(당뇨로 고생함) 약을 사러 간다고 하더니 반나절,

다음 날은 카이로에 약이 없어서 알렉산드리아에 간다고 결근,

다음 날은 전화도 없더니, 학교 버스 운전사가 대신 전하길,

여동생 남편을 두들겨 패서 경찰서에 잡혀 있다고 또 결근.

어제, 오늘 일하더니 오늘은 합의금을 줘야 한다고 300파운드를 가불을 해 달란다.

그렇지 않으면 잡혀간다고.

몇 년을 일하면서도 집에 저축해 놓은 돈이 하나도 없다는 게 한심하기도 하고,

그렇게밖에 살 수 없는 형편을 생각하면 안타깝기도 하다.

고대 찬란한 문화를 꽃피웠던 조상들의 우수함을 전혀 물려받지

못하고 하루하루를 살아가는 이 사람들을 보면 참 여러 가지 생각
이 든다.

그나저나 저놈을 어찌하지…

글을 쓴다는 건, 자신을 드러내어 놓는 일

『매일 아침 써 봤니?』(위즈덤하우스, 2018)에서 김민식 PD도 블로그에
글을 쓰고 그중에서 일부 글을 모아서 책으로 낸다고 한다. 그가 말
하길 블로그에 글을 쓰는 것은 부담이 없고, 일로서 하는 게 아니니
즐거울 수 있다는 것이다. 신문사 출판 기자나 출판사에서 리뷰를
쓰기 위해 책을 읽는 사람은 책을 읽는 것도, 리뷰를 쓰는 것도 모
두 일로 하는 것이니 즐기기는 쉽지 않을 거라는 말에 공감이 된다.
의무감이 생기면 즐기기가 쉽지 않으니까. 그렇다고 블로그에 글을
쓰는 것이 아무런 부담도 없이 마냥 즐겁기만 할까?
　한 편을 글을 세상에 내어놓는다는 것은 자신을 내어놓는 것이
다. 원래의 모습을 어느 정도 포장하고, 드러내 놓고 싶지 않은 부분
을 일부 가릴 수는 있겠지만 그것도 한순간이다. 블로그에 올려놓은
많은 글에 남겨져 있는 단어와 문장, 문장 사이사이에 스민 그 사람
의 진정한 모습은 절대 감추어지지 않는다. 그러니 블로그든 책이든
신문이든 세상에 글을 내어놓는 일은 엄청난 부담이 되고 두려운

일이다.

『유시민의 글쓰기 특강』(생각의 길, 2015)에서 그도, '글쓰기는 재주만으로 하는 일이 아니다. 논리의 완벽함과 아름다움을 추구하는 고집, 미움받기를 겁내지 않는 용기도 있어야 한다'라고 했다. 그러니 어찌 즐겁기만 하겠는가? 그런데도 나를 포함해서 세상에는 글을 쓰는 사람이 셀 수 없이 많다. 어찌 된 일인가? 엄청난 부담이 되고, 두렵고 그래서 미움받기를 겁내지 않는 용기가 있어야 하는 일인데 말이다.

조지 오웰(George Orwell, 1903~1950)이 『나는 왜 쓰는가』(한겨레출판, 2010)에서 밝힌 글을 쓰는 이유를 들어보면 어느 정도 이해가 된다. 그는 그 이유를 순전한 이기심, 미학적 열정, 역사적 충동, 정치적 목적 등 네 가지라고 했다. 똑똑해 보이고 싶은, 사람들의 이야깃거리가 되고 싶은, 사후에 기억되고 싶은, 어린 시절 자신을 푸대접한 어른들에게 앙갚음하고 싶은 이기심으로 글을 쓴다는 것이다.

또 다른 이유는 외부 세계의 아름다움에 대한, 또는 낱말과 그것의 적절한 배열이 갖는 묘미에 대한 미학적 열정 때문이란다. 사물을 있는 그대로 보고, 진실을 알아내고, 그것을 후세를 위해 보존해 두려는 역사적 충동이 글을 쓰는 또 하나의 동기가 되며, 마지막으로 세상을 특정 방향으로 밀고 가려는, 어떤 사회를 지향하며 분투해야 하는지에 대한 남들의 생각을 바꾸려는 정치적 목적이 동기가 된다고 한다. 그러면서 그가 쓴 『동물농장』(1945)은 정치적 목적과 예술적 목적을 하나로 융합해 보려고 한 최초의 책이었다고 한다. 그의 주장처럼 사람들이 글을 쓰는 이유는 다양하고 복합적이다. 글(책)을 쓴다는 것은 고통스러운 일이지만, 어떤 귀신에게 이끌려 다니는 것이 아니면 절대 할 수 없는 일이라는 그의 말에 공감하지 않을 수 없다. 힘든 일이지만 안 할 도리가 없다는 거다.

글을 써야 하는 이유

그렇게 힘든 글쓰기를 김민식은 매일 한다고 한다. 매일 아침 일어나자마자 글을 쓴단다. 특정한 주제를 정해 두지 않고, 그날 그때의 생각과 느낌으로 쓴다고 한다. 잘 쓸려고 생각하지도 않고, 다른 사람들이 어떻게 생각하는지도 고려하지 않고 매일 그렇게 쓴다는 것이다. 그의 글을 읽으면서 글쓰기의 고전으로 인정받는 도러시아 브랜디의 『작가수업』(공존, 2010)에서 읽은 구절이 떠올랐다.

무의식의 비옥한 자양분이 주는 혜택을 온전히 누리려면 무의식이 기선을 잡을 때 힘들지 않고 쉽게 글을 쓰는 법을 배워야 한다. 이러한 방법을 터득하려면 평소보다 30분이나 한 시간 일찍 일어나는 것이 가장 좋다. 일어나자마자 말을 하거나, 조간신문을 읽거나, 전날 밤 치워 두었던 책을 집어 들지 말고 글을 쓰기 시작하라. 머릿속에 떠오르는 대로 아무 내용이나 써라.

도로시아 브랜디가 작가가 되기 위해 글을 쓰는 좋은 방법에 대해서 말하는 내용을 김민식 PD는 그대로 실천하고 있다. 그의 책에서는 도로시아 브랜디에 대한 언급이 없는 거로 봐서, 아마도 그런 글쓰기 자세는 자신의 경험에 의해 터득하고 만들어진 게 아닌가 싶다. 이런 글쓰기 방법이 좋기는 하지만, 문제는 실천이다. 평소보다 좀 더 일찍 일어나는 것이 생각보다 쉽지 않다는 건 누구나 다 아는 사실이다. 게다가 글을 써야 한다니 글쓰기를 즐기는 사람이라도 아무나 할 수 있는 방법이 아니다. 하긴 방법은 아는데 실천하지 못하는 일이 어디 글쓰기뿐이겠는가.

나 역시 책 읽기와 글쓰기를 좋아하고, 체력이나 정신이 허락하는 한 계속해 나갈 생각이지만, 매일 글을 쓸 자신은 없다. 매일 글을 쓰고 또 써야겠다는 생각도 들지만, 그럴수록 글 쓰는 게 즐거운 것이 아니라 자신에게 마음의 부담이 되는 것 같아 가끔 혼란스럽다. 그냥 지금처럼 쓰고 싶을 때 쓰고, 그러면서 좀 더 열심히 쓰자고 자신을 다독이는 것이 현재의 자신에게 최선이 아닌가 싶다. 책을 읽고 그 생각과 느낌을 다른 사람과 나누고 싶을 때, 주말 하루 여행을 다녀와서 그 감흥을 혼자만 누리기가 아까울 때, 우리 교육에 대한 걱정을 누군가와 함께 하고 싶을 때 글을 쓸 것이다. 아침에 내린 커피 맛이 입안 가득 향기를 진하게 남길 때도 어쩔 수 없이 글을 써야 한다. 그 모든 것이 내 삶의 흔적이기 때문이다.

누군가가 글로 남겨 놓은 흔적은 누군가의 인생이다. 그 인생이,

그 글을 읽는 사람의 것과 어쩌면 닮은 길이기도 하고, 전혀 다른 길이기도 할 테다. 자신이 살아보지 못한 다른 이의 삶을 살짝 들여다보는 기회가 되고, 살아갈 날들의 길잡이가 된다. 내가 쓴 글이 누군가의 길잡이까지 된다는 것은 너무 큰 바람일까? 아무렴 어떤가. 글쓰기는 자신의 삶을 다시 곰곰이 들여다보게 한다. 들여다보면 안 보이던 것과 보지 못했던 것을 보게 된다. 세상을 보는 눈이 더 밝아지는 것이다. 나이가 들면 체력은 약해지지만, 감성은 더 풍부해진다고 하지 않나. 그러니 중년들이여 글을 쓰자. 나 자신과 내 글을 읽는 그 누군가를 위해 내 삶의 흔적을 글로 남겨 보자.

일기장이나 나만의 수첩에 글을 남겨도 좋고, 핸드폰의 메모 앱을 이용해도 된다. 블로그를 만들어 쓴 글을 공유하고 생각을 나누면

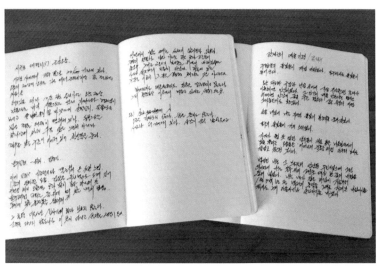

글을 쓰기 위해 준비한 메모

뇌가 섹시한 중년

더 좋다. '좋아요'에 목맬 필요는 없겠지만, 다른 사람들의 관심은 글쓰기의 보상이 된다. 보상은 다시 쓸 수 있는 동기를 부여한다. 글쓰기를 통해 우리 자신은 조금씩 성장해 갈 것이다. 글은 우리 자신을 성숙하게 만들어 주기 때문이다. 『강원국의 글쓰기』(메디치, 2018)에서 저자가 이렇게 말한 것은, 단지 글을 쓰며 사는 작가나 작가가 되고 싶은 사람에게만 해당하는 말이 아니다.

글을 쓰지 않고는 나의 성장을 확인할 길이 없다. 어제보다 나아진 오늘의 나를 알 수 없고, 오늘보다 나아질 내일의 나를 기대할 수 없다. 글을 써야 내 생각, 내 감정이 얼마나 성장하고 성숙해지고 있는지 알 수 있다.

글을 써야 하는 수많은 이유 중에 하나다.

생각

생각 좀 하자!

생각 없는 사람, 생각 많은 사람

"뭔 사람이 아무 생각이 없어?"

"도대체 생각은 하고 사는 거야?"

"생각이 있는 사람이야, 없는 사람이야?"

"생각 좀 하고 삽시다."

어처구니없는 실수를 저지르거나 일을 잘못 처리한 사람에게 흔히 하는 말이다. 앞뒤 가리지 않고, 어떤 결과를 가져올지를 생각해 보지 않은 채 행동을 했기 때문에 그런 결과가 생기지 않았냐고 책망하는 것이다. 나무라는 입장에서야 어처구니가 없어서 하는 말이겠지만, 그런 소리를 듣는 사람 처지에서는 생각이 없다는 말이 억울할 때도 있다. 대개 이런 말은 아랫사람이나 어린 사람을 대상으로 한다. 그 말속에는 대부분 비난이나 힐난이 담겨 있지만, 말하는 사람의 어투나 상황에 따라서는 안타까운 위로의 말이 된다. '조금

더 생각하고 조심해서 하지 어떡하나?' 하는 염려가 담겨 있을 때가
그렇다. 그렇더라도 듣는 사람으로서는 '생각 없는 사람'이라는 말을
듣게 되면 마음의 상처를 입지 않을 수 없다. 사람에게 생각이 없다
는 것은 심하게는 사람으로서의 정체성을 갖지 못하고 있다는 의미
가 되기 때문이다.

"너만 생각 있는 사람이야? 혼자만 잘났어 정말."
"누구는 생각이 없어서 가만히 있는 줄 알아? 좋은 게 좋은 거라
고 참고 사는 거지."
"왜 그렇게 생각이 많아, 하라고 하면 그냥 시키는 대로 하면 되
지."

이런 말들은 생각이 없어서 비난하는 게 아니라, 생각이 많다고
타박을 주는 경우다. 그냥 시키면 시키는 대로 하고 살면 될 텐데
꼭 반대 의견을 내거나 다른 소리를 하는 사람에게 하는 말이다.
누구는 좋아서, 아무 생각 없어서 이러고 사는 게 아니라 서로 피곤
해지는 게 싫어 그냥 참는다는 거다. 물이 흘러가는 것처럼 자연스
럽게 묻혀서 살면 좋을 것을 그러지 못한다고 퉁을 준다. 모난 돌이
정 맞는다는 속담이 있듯 우리 사회는 독불장군 스타일을 탐탁지
않게 생각하는 분위기가 강하다. 그저 평범하게 군소리 없이 살면
서로가 편하다는 생각이 깊게 배어있다.

생각이 있는 사람보다 생각 없이 사는 게 더 어렵다

　그래서 그럴까, 때로는 아무 '생각 없이' 살고 싶어지기도 한다. 모든 것을 잊어버리고 아무 생각 없이 살아봤으면 좋겠다 싶다. 괴로움이나 걱정거리가 되는 그 무엇을 머릿속에서 깨끗이 지워버리고 싶어질 때가 종종 있지 않나. 그렇다고 생각 없이, 생각을 안 하고 살 수는 없다. 우리가 살아있는 매 순간, 생각하고 또 생각한다. 'Cogito ergo sum(고기토 에르고 숨), 나는 생각한다, 고로 존재한다.', 데카르트가 한 말이다. 종교가 모든 권위를 틀어쥐고 있는 시절에 불확실한 모든 것을 배척하고 의심하고 생각하는 그 자체가 인간의 존재를 증명해 보인다는 의미다. 인간이기에 생각하고, 생각하기에 우리는 인간으로 존재하는 것이다. '생각 없음'이 그래서 큰 비난이 된다.

그럼 도대체 생각하면서 살라는 건가, 아니면 생각 없이 살아가는 게 좋다는 건가? 생각하는데도 어느 정도의 적정한 기준이라는 게 있는 건가? 이 문제에 대해서도 '생각'을 해 보는 것이 필요하기는 한 건가, 아니면 그저 쓸데없는 '생각'을 하는 건가? 가끔은 생각이 없는 사람이 되고, 어떤 때는 생각이 너무 지나친 경우가 되니 적정한 수준을 찾아야 하는 건가? 어떤 기준이 있는 것도 아니니 생각의 깊이나 정도를 적절하게 한다는 것도 쉬운 일은 아니다. 게다가 주변 상황에 따라, 일의 사정에 따라 달라질 수 있으니 종잡을 수가 없는 노릇이다.

그렇다면 이 '생각'이라는 것은 도대체 어디서 온 걸까?

생각은 어디서 왔을까?

인간의 생각, 사고, 인지능력에 대해 연구하는 학자들은 인간의 사고 과정은 개인적이면서 사회문화적이라고 주장한다. 인간의 생각은 사회성에서 비롯되었다는 것이다. 어린아이들은 언어와 문화의 영향을 받지 않은 상태에서도 공동 관심과 협력 커뮤니케이션으로 다른 사람과 관계를 맺는다. 아기가 이미 인간 특유의 인지 능력을 가

뇌가 섹시한 중년

진다는 사실은 인간 특유의 생각은 문화와 언어가 아니라 원초적인 사회성에서 기인한다는 것을 말해준다.

생각의 사회성과 집단 지향성을 주장하는 미국의 영장류학자이자 독일 막스 플랑크 진화인류학연구소 공동소장인 마이클 토마셀로(Michael Tomacello, 1950~)는 생각을 이루는 요소를 다음의 세 가지로 들었다. 첫째, 자신의 경험을 다른 사람에게 '오프라인'으로 전달하는 인지적 표상. 둘째, 표상을 시뮬레이션하거나 인과, 지향성, 논리를 추론하는 능력. 셋째, 자신을 관찰하거나 시뮬레이션의 결과를 평가하고 행동을 결정하는 능력.

인간뿐만 아니라 영장류를 비롯한 일부 동물도 생각하지만 인간의 생각은 그것과는 다르다. 인간의 생각은 다른 사람과 어울려 집단생활을 하고 소통 과정에서 발생하는 문제를 해결하기 위한 것이었다. 유인원 조상이 사회성을 가지고 생각이라는 것을 했지만 이는 대체로 개인적 생존을 위한 것이었고, 또한 경쟁적이었다. 그들은 작은 무리를 지어 생활하면서 개별적이고 경쟁적으로 먹이를 구하며 살았다. 예컨대 침팬지는 무리 지어 사냥감을 쫓는다. 하지만 사냥한 먹이를 나누기보다는 자신이 독차지하려고 하기 때문에 '협력 관계'로 볼 수는 없다. 그들은 자신을 위해 행동하거나 기껏해야 싸움에서 유리한 편에 서려고 일시적으로 협력할 뿐이다. 집단 구성원을 경쟁자로 보고 경쟁에서 이기려 한다. 대형 유인원의 인지능력은 온전히 경쟁을 위한 것이었다.

이에 비해 인간의 생각은 변화하는 환경 속에서 협력을 통해 서로의 생존을 도모하고자 한 것이었고, 그러기 위해서 자신의 경험을 다른 인간에게 전달하는 것이 필요했다. 어디서 먹이를 구할 수 있는지, 어떤 열매가 먹을 수 있고 없는 것인지, 어디서 물을 구할 수 있는 것인지 서로에게 자신의 지식과 축적된 경험을 전달했다. 이렇게 전달받은 경험을 시뮬레이션하고, 사건의 원인과 결과를 분석하고, 그것으로 인해 앞으로 얻을 수 있는 이점과 손해를 미리 생각하는 능력은 인간 고유의 것이다. 또한 자신의 행동을 되돌아보고, 행동을 시행하기 전에 그 행동의 결과를 평가하여 경험으로부터 새로운 지식을 얻는 것도 다른 영장류와 다른 인간만의 특성이다.

유인원과 다름없었던 시절, 인간의 생각도 개인적인 수준의 목적 달성을 위한 것이었다. 하지만 40만 년 전쯤, 초기 인류시대에 인간은 유인원과 다른 생각의 길을 걷기 시작한다. 초기 인류에게는 언어 사용이나 문화생활은 없었지만, 더 큰 먹이를 사냥하기 위해 다른 사람과의 협력이 필요하게 되었다. 사냥에서 성공하기 위해서는 타인의 도움이 필요했고 서로 도움을 주고받은 사람끼리 그 결과에 대해 제대로 평가할 수 있어야 했다. 협력을 통해 사냥이 성공할 수 있을지, 성공 후에 공평한 분배가 이루어질지, 또 타인은 나를 어떻게 평가할지를 추론할 수 있는 능력이 필요했다. 추론과 평가를 제대로 하지 못하면 사냥에 실패하는 일이 자주 일어날 것이고 자신과 가족이 음식을 구하지 못해 굶어야 하는 상황에 맞닥뜨리게 되기 때문이다.

20만 년 전, 호모 사피엔스 시대에는 협력의 규모가 무리에서 집단으로 확대되었다. 개인 대 개인의 협력과 경쟁이라는 무리 범위에서 집단 대 집단의 생존 문제의 범위로 확장된 것이다. 이 시기에 언어가 등장하면서 객관적인 사고가 가능해졌고, 합리적인 사고, 성찰적인 추론을 통해 인간의 생각은 사회성이라는 특유의 성분을 함유한 '집단 지향성'의 단계로 진화했다.

토마셀로는 『생각의 기원』(이데아, 2017)에서 인간이 다른 유인원보다 거의 모든 면에서 똑똑한 이유를 일반 지능의 차이에서 찾기보다는 협력하고 소통하는 문화 속에서 다른 사람으로부터 새로운 것을 배우기 위해 특별한 기술을 사용하면서 자랐기 때문이라고 주장한다. 인간의 가장 탁월한 능력인 '생각'은 타인의 도움 없이 혼자 존재하고 생존할 수 없었던 '미약함'에서 기원했다고 한다. 생각하는 일부 동물의 '개인 지향성'과는 다르게 인간의 '생각'은 '집단 지향성'을 가졌기 때문에 인간이 다른 동물과 다르게 진화할 수 있었다는 것이다.

지식의 시대에서 생각의 시대로

'아는 것이 힘이다', 프랜시스 베이컨의 말이다. 중학교나 고등학교 급훈으로 자주 쓰였다. 얼마나 많이 알고 있느냐가 중요했던 시대를 이 한 문장이 대변한다. 성공하기 위해서, 남과의 경쟁에서 이기기 위해서는 읽고 쓰고 외워서 남보다 더 많은 지식을 내 머릿속에 담아야 했다. 누적되어 온 지식을 얼마나 빨리, 얼마나 많이 습득하느냐에 따라 성공 여부가 판가름 났다. 그렇게 습득한 지식은 몇십 년 혹은 적어도 몇 년 동안은 쓸모가 있었다. 이 시기를 지식기반 사회라고 불렀다.

인류의 지식은 점점 더 발전하였고, 시대가 거듭될수록 쌓여갔다. 인간이 지식을 머릿속에 넣는 속도와 능력은 한계를 보였지만, 누적되어가는 지식의 양은 기하급수적이었다. 지식의 양이 늘어날수록 쓸모없어지는 지식도 많아졌다. 기존의 지식은 새로운 지식으로 빠르게 대체되어 갔다. 20세기 말, 새로운 밀레니엄의 시작과 함께 불어 닥친 정보혁명은 지식기반 사회를 송두리째 흔들어 놓았다. 인터넷과 SNS(소셜 네트워크 서비스)가 주도하는 정보혁명은 지식의 생산과 전달, 형태와 본질을 바꿔 놓았다. 그 결과로 지식은 소유의 대상이 아니라 접속의 대상이 되었고, 교육과 전수가 아니라 검색과 전송의 대상이 되었다. 개인의 엄청난 노력으로 습득되었던 지식은 이제 언제 어디서든 접속해서 검색을 통해 얻어지게 된 것이다. 더 이상 지식의 양이 힘과 권력으로 이어지지 않게 되었다.

하지만 네트워크 속에 넘쳐나는 지식은 쉽게 접속할 수 있고 검색할 수 있는 편리함을 가졌지만 개별적이고 미시적이며 소모적이다. 그래서 수명이 짧다. 보편적이고 거시적이며 생산적인 지식이 필요한 시대가 도래했다.

그러한 지식은 어떻게 만들어질까? 새로운 지식은 인간의 사고 능력, 즉 '생각하는 힘'에서 나올 수밖에 없다. 『생각의 시대』(살림, 2014)에서 김용규는 '지식의 시대는 끝났다. 이제 생각의 시대다!'라고 선언한다. 그러면서 생각을 만드는 다섯 가지 생각의 도구를 소개한다. 인간의 가장 근원적인 생각의 도구인 메타포라(은유), 세계를 이해하고 구성하고 조종하거나 지배할 수 있게 하는 생각의 도구인 아르케(원리), 신화에서 철학으로, 운문에서 산문으로, 말에서 글로 옮겨지는 시대에 모습을 드러낸 로고스(문장), 인간이 관찰한 자연과 사회, 그리고 예술 현상을 이해하기 쉬운 패턴으로 표현해주는 생각 도구인 아리스모스(수), 그리고 설득을 위한 생각의 도구인 레토리케(수사)가 그것이다.

진화의 목적에 맞는 생각

선사시대 이래로 인간이 생각이라는 강력한 도구를 가지게 된 것은 '나 혼자 살아남기'가 아니라 '같이 살아남기' 위해서였다. 인간을 위협하는 자연과 다른 포식자로부터 서로를 보호하고, 더 크고 더 좋은 먹이를 사냥하기 위해서 협력이 필요했다. 시간이 지나면서 협력의 범위는 무리에서 집단으로 확대되었고, 우리는 더 많은 생각을 할 필요가 있어서 더 큰 뇌 용량을 가지는 것으로 진화했다. 인간의 진화 과정을 되돌아보면, 혼자만 잘 살기 위해서는 지금의 큰 뇌가 필요 없다는 이야기가 된다. 다른 어느 동물보다 큰 뇌를 가진 우리는 뇌가 진화해 온 목적에 맞게 그것을 사용하고 있는가?

우리 DNA 속에는 내가 아니라 '우리', 현재가 아니라 '미래'에 대한 '생각하는 힘'이 새겨져 있는 것은 분명하다. 하버드 대학교 사회생물학자인 에드워드 윌슨(Edward Osborne Wilson, 1929~)도 『지구의 정복자』(사이언스 북스, 2013)에서 인간의 협동에는 건방진 자를 무너뜨림으로써 협동을 지키고 효율을 유지하는 차원을 넘어서 훨씬 더 많은 것이 담겨 있다고 역설한다. 인간은 다른 동물과 다르게 병들고 다친 사람을 돌보고 가난한 사람을 돕는다. 낯선 이, 심지어 말이 통하지 않은 생면부지의 국적이 다른 사람을 구하기 위해 자신의 목숨을 던지는 것도 동물 중에 오직 인간뿐이다. 정상적인 사람이면 모두 진정한 이타주의를 실천할 수 있다는 것이 그의 주장이다.

그렇더라도 모두가 남을 위한 삶, 우리를 위한 대의에 올인할 수는 없다. 누구나 성자일 수도 성자가 되어야 하는 것도 아니다. 다만, 지금까지 나와 내 가족만을 위해서 해왔던 '생각'을 이제 내 주위와 내 이웃의 '우리'까지 범위를 넓혀 보자. 당장 눈앞의 조급함에서 좀 벗어나 몇 걸음 앞선 '미래'를 상상하고 예측하는 데까지 '생각'을 넓혀 보자.

그동안 우리는 내가 가진 '생각하는 힘'이 태초로부터 진화한 목적이 무엇인지 잊고 지냈다. 그러니 지금은, 더불어 살아가기 위해 내가 할 수 있는 최소한의 것들이 무엇인지 좀 더 깊이 그리고 좀 더

진지하게 생각해 볼 시기가 아닐까? 이젠 그렇게 할 수 있는 의지와 시간과 지혜를 가지고 있으니까.

여행

익숙함 속에서 낯섦을 찾다

여행 하나, 백제의 옛 도읍 부여

매월당 김시습의 발자취, 무량사

무량사는 부여 외곽에 있다. 부여 시내에서 서쪽으로 20~30분 거리에 있는 만수산 자락에 자리 잡고 있다. 거리상으로는 부여군청보다는 보령시청이 더 가깝다. 무량사는 우리나라 최초의 한문 소설인 『금오신화』를 쓴 매월당 김시습이 생의 마지막을 한 곳으로 알려진 절이다.

주말인데도 무량사 앞의 넓은 주차장이 거의 텅텅 비어 있다. 찾는 사람이 많지 않다는 얘기다. 주차장 바로 옆에 매표소가 있는데, 매표소 밖에는 직원이 보이지 않고, 매표소 안에 할아버지 한 분이 계신다. 온종일 드문드문 찾아오는 사람을 맞이하는 무료함이 관광객이 많아 바쁜 것보다 더 힘들지 않을까 싶다.

일주문에서 본당까지는 천천히 걸어도 채 10분이 걸리지 않는다.

급하지 않은 경사를 이룬 길을 따라 올라간다. 시멘트 블록으로 길을 포장해 놓아서 옛 정취를 느낄 수 없다는 것이 아쉽다. 천왕문에 서서 보는 풍경이 특이하다. 천왕문이 마치 사진기의 프레임처럼 절 안의 모습이 그 속으로 들어온다. 오른쪽에 선 노송의 푸른 솔잎이 땅에 닿을 듯이 내려와 있고, 그 아래로 조그마한 석등과 그보다 크고 높은 오층석탑이 한 줄로 섰는데 그 뒤로 보이는 건물이 절의 본당인 극락전이다. 오층석탑이 극락전의 중심에 선 모양새다. 가까이 가서 보니 오층석탑은 정림사지 오층석탑과 모양새가 아주 닮았다. 석탑 앞에 있는 설명 자료에도 그렇게 쓰여 있다.

무량사 천왕문에서 바라본 극락전

뇌가 섹시한 중년

다른 절과 다르게 무량사에는 대웅전이 없다. 대신 극락전이 절의 중심에 자리하고 있고, 불상도 그곳에 있다. 극락전은 팔작지붕의 2층 건물이다. 하늘을 향해 살짝 치켜 오른 지붕 끝자락의 맵시가 파란 하늘과 잘 어울린다. 처마 아래에는 동서남북으로 네 개의 나무기둥이 지붕을 받치고 있어 전체적으로 안정감을 준다. 극락전은 다포 양식이다. 1층과 2층 지붕 아래 공포가 빼곡하다. 극락전 내부 천장은 단순한 문양이 반복적으로 그려져 있지만 채색이 화려하다.

극락전 뒤쪽, 작은 개울 건너편에 삼신각과 청한당이 있다. 삼신각 오른쪽에 있는 청한당은 소박한 민가의 모습이다. 청한당은 김시습의 호를 따 지은 것이라고 하는데, 마루에 앉아 그가 여기 머물며 책을 읽는 모습을 상상해 본다. 어려서부터 천재 소리를 듣던 그가 이런 산속에 들어와 목탁 소리를 들으며 보낸 시간은 어떠했을까? 큰 뜻을 품고 세상으로 나아가야 할 21세의 나이에 이곳에 들어와 승려가 되었다고 한다.

그의 곧은 성품을 영정에서 조금이나마 읽을 수 있다. 김시습의 영정은 극락전 왼편 작은 영정각에 모셔져 있다. 상반신만 그려진 작은 그림이다. 갓 아래의 둥근 얼굴의 부드러움과는 다르게 짙은 눈썹과 맑은 눈에서 강인함이 묻어난다.

그의 부도는 절 안이 아니라 바깥에 모셔져 있다. 매표소에서 50여 미터 내려가서 오른쪽으로 조금 올라가면 무량사 부도단이 있는데 그 중심에 '오세 김시습'의 부도가 있다. 세종대왕이 그의 영민함을 익히 듣고서, 다섯 살의 그를 불러 글을 짓게 하였다는 일화로 인해 붙여진 호다. 부도 앞에는 "五歲金時習之墓(오세김시습지묘)"라는 작은 비석이 서 있다. 누군가 막걸리 한 잔을 붓고 절이라도 하고 갔는지 하얀 종이컵이 그 앞에 놓여 있다. 수양대군의 왕위 찬탈에 분노하여 세상을 등지고 승려가 된 그의 생애가 잠시 스쳐 지나간다. 무량사 앞에도 여느 절 앞처럼 음식점들과 가게들이 제법 있는데 찾는 사람들이 없는 듯 한적하고 쓸쓸하다. 김시습의 생애도 그러했으리라. 무량사를 찾은 나로서는 번잡하지 않은 점이 좋긴 한데, 그들의 생계가 괜스레 걱정된다.

백제의 흔적, 낙화암과 고란사

무량사를 뒤로하고 부소산성으로 향했다. 금강산도 식후경이라고 미리 찾아본 맛집 '○○막국수'로 먼저 갔다. 백마강 유람선을 탈 수 있는 구드래 선착장 가까이에 있는 오래된 국숫집이다. 오후 3시경이라 한창 점심때가 지난 탓인지 바로 자리가 있다. 막국수와 수육을 주문했다. 맛은 생각했던 것보다는 별로였다. 기대가 컸던 탓일까? 국수에 수육을 곁들여 먹어야 맛있다고 하는데 이래저래 먹어봐도 줄 서서 기다리며 먹을 맛은 아니다.

점심 후에는 백마강 유람선을 탔다. 고란사 선착장까지만 가는 편도. 2년 전에 직장 동료들과 함께 타 본 경험이 있어 이번이 두 번째다. 그때는 물안개가 짙게 깔린 이른 아침 시간이었고, 강에 물오리들이 아주 많아 나름대로 운치가 있었다. 배를 타는 시간은 10여분. "백마강에~ 고요한~ 달밤아~" 배의 스피커에서 울리는 옛 노래가 강을 따라 흐른다. 배의 엔진 소리와 사람들의 웃는 모습과 애절한 노래 속에서 천오백 년 전의 모습을 상상해 보는 것, 그 속에서 백제의 마지막 모습을 떠올리려고 하는 것은 어쩌면 부질없는 짓일지도 모른다.

고란사 선착장에 내려 다시 입장권을 사고 고란사로 난 길을 따라 걸었다. 아쉽게도 고란사는 그 이름에 걸맞게 에스럽지도 애달프지도 않다. 고란사 입구에서 사람들을 맞이하는 기념품 가게가 그렇고, 좁은 마당을 한창 공사하는 모습도 그렇다. 그나마 고란사 뒤쪽 약수터가 이 절에 온 수고를 씻어 준다. 학생들을 인솔해 온 젊은 선생님이 설명하는 소리를 살짝 엿들으니, 약수를 마시면 3년이 젊어진다고 한다. 그래서일까? 물맛이 참 달다.

고란사에서 계단을 따라 한참 걸어 올라가면 백마강이 내려다보이는 낙화암에 이른다. 낙화암에 있는 누각도 역시나 공사 중이다. 낙화암 절벽 난간에 서 보니 강 수면까지 그렇게 높아 보이지는 않는다. 나당 연합군의 군사들이 이곳까지 밀고 들어왔을 때 입술을 깨물며 저 강물로 뛰어들었다는 삼천궁녀를 상상해 보기도 역시나 쉽지 않다. 천오백 년 전의 아픔이 서린 이곳을 찾은 사람들은 웃으며 기념사진을 찍는다. 나도 마찬가지다.

이역만리에서 온 빅토리아 연꽃이 핀 궁남지

부소산성 정문에서 남쪽의 700~800미터 거리에 정림사지가 있고, 다시 남쪽으로 그 정도의 거리에 궁남지가 있다. 궁남지는 백제 사비 시대의 궁원지(宮苑地)다. 백제의 별궁 인공 연못인데『삼국사기(三國史記)』의 기록을 근거로 궁남지라고 부른다고 한다. 첫눈에 들어오는 것은 연밭이다. 7월에 연꽃 축제를 한다고 하는데 8월 말에 이곳에 왔으니 연꽃을 볼 수는 없다. 길거리 사진사들이 찍어서 세워 놓은 사진을 통해 그 화려한 자태를 그나마 감상할 수는 있다.

사람 키 정도나 큰 물토란, 작고 노란 물 양귀비, 쭈글쭈글한 가시연 등 평소에 보지 못했던 식물들이 물속에 뿌리를 박고 빼곡히 서

궁남지에 핀 빅토리아 연꽃

뇌가 섹시한 중년

있다. 지구 반대편에서 온 빅토리아 연꽃 하나가 여전히 지지 않고 그 자태를 뽐내고 있다. 사진작가들이 카메라를 세워두고 오랫동안 카메라에 그 모습을 담는다. 천오백 년 전, 사람들이 인공적으로 파서 꽃구경을 즐겼던 이곳에서 이역만리에서 온 낯선 연꽃 하나가 사람들의 시선을 붙잡아 두고 있다. 사람은 가고, 꽃은 지고 그렇게 시간은 흐른다. 나는 단지 그 찰나의 순간을 사진에 담을 수 있을 뿐이다.

하루 여행 둘, 백제의 미소를 찾아서

책을 읽고 싶어지는 곳, 추사고택

충남 서산에는 서산마애삼존석불, 상왕산 개심사, 해미읍성 등 둘러볼 만한 곳이 많다. 첫 방문지인 서산마애삼존석불로 가다가 계획을 바꾸었다. 서산마애삼존석불로 가려면 고속도로에서 내려 충절의 고장 예산을 지나 서산으로 가야 하는데 그 초입에서 '추사고택'이라는 안내판을 봤기 때문이다. 인문학 강의를 하면서 가끔 '세한도'에 얽힌 이야기를 할 때가 있는데, 그가 태어나고 자란 곳이라고 하니 꼭 가봐야 한다는 생각이 들었다. 갈림길에서 20여 분만 가면 되는 거리라 주저 없이 차를 돌렸다.

토요일 아침 10시. 이른 시각이라 그런지 충남 예산 추사고택 앞주차장은 텅 비었다. 주차장이 상당히 넓은데 주차된 차가 없으니 더 넓어 보였다. 추사고택은 주차장 맞은편에 자리하고 있다. 주차장 좌측에는 새로 지은 추사기념관, 그 오른쪽 약간 뒤쪽으로 추사와 두 부인을 합장한 묘가 있다. 그 옆이 추사가 태어나고 자란 곳인 추사고택이고, 고택 앞 안내실 뒤로는 증조부 김한신의 묘와 화순옹주 정려문, 그리고 추사가 중국에서 가져와 심었다는 백송들이 있는 백송공원이 쭉 이어져 있다.

추사고택에 들어서니 아늑하다. 추사가 살던 시절에는 지금보다는 훨씬 더 많은 건물이 있었다고 안내 자료에 적혀 있다. 솟을대문에서 문밖을 내다보면 이 고택 앞으로 펼쳐진 넓은 들이 한눈에 들어온다. 작은 산을 뒤로하고 자리를 잡은 고택이 지역 전체를 두루 내려다보는 형세. 집의 위치만 보아도, 당시 이 고택에 살던 가문의 위세를 짐작할 수 있다.

추사고택은 세 개의 건물로 이루어져 있는데, 사랑채, 안채 그리고 사당이다. 솟을대문을 지나면 바로 사랑채. 집안의 바깥어른이 기거하는 곳으로, 좌측으로는 제법 너른 마당이 있고 오른쪽에 ㄱ자 모양의 사랑채가 있다. 사랑채 마루에 앉아 잠시 가을 햇살을 안았다. 책을 읽고 싶어진다. 추사가 살던 시절에 이 사랑채에는 수천 권의 책이 있었다고 한다. 사랑채의 기둥과 벽에는 추사의 글씨들이 많이 보인다. 낯익은 그림도 한 점 걸려있다. 제주도 유배 당시, 제자 이상적에게 선물로 준 '세한도'다. 사본이라고는 해도 고택에 걸려 있기에는 좀 조잡할 정도라 아쉬운 생각이 들었다. 아마도 이 그림을

뇌가 섹시한 중년

사랑채에 걸어 놓은 이는, 세한도에 얽힌 스승과 제자의 애틋한 이야기도, 소전 손재형 선생이 현해탄을 건너가 일본인 후지쓰카에게서 그림을 되찾아 온 가슴 벅찬 사연을 모르는 게 분명하다.

사랑채 뒤로는 안채다. 안주인이 사는 곳이며 집안 음식을 하는 곳이다. 사랑채와 안채는 작은 마당을 사이에 두고 떨어져 있어 부부라 해도 조선 시대의 그 유별함이 어떠했는지 짐작이 되고도 남는다. 부부가 이렇게 살면서도 여러 자식을 낳고 살았다는 것이 신기하다는 내 말에 어째 그런 생각만 하냐며 아내가 타박을 준다. 옛집의 모양이 다 이러한 건 아니다. 경주 양동마을의 관가정이나 서백당처럼 안채와 사랑채가 마루로 연결된 곳도 있다. 그런 곳에서는 늦은 밤에 사랑채에서 안채로 조심조심 건너가는 근엄한 선비의 또 다른 모습을 떠올려 보기에 좋다.

안채 뒤로는 사당이 있다. 집안의 조상들을 모시는 곳으로 양반가 주택에는 대부분 집의 제일 뒤편 가장 높은 곳에 자리한다. 이 사당에 추사 김정희의 영정이 한 점 걸려있다. 술잔이나 향불 피운 흔적 하나 없는 걸 보니 쓸쓸하다. 돌계단을 쓸고 있는 할머니에게 여쭤보니 고택 주위에는 후손들이 아무도 살지 않는다고 한다.

백제의 미소, 서산마애삼존불상

추사고택을 나와 원래 계획했던 목적지로 향했다. 왔던 길을 되돌아가고 그 길만큼 더 가면 서산 운산면 용현리에 닿는다. 서산마애삼존불상을 사진으로 보면 아주 친근한 느낌이 드는데 실제로 보면 어떤 느낌이 들까 설레었다. 첫 만남이 주는 설렘은 여행이 주는 즐거움이리라.

주차장에서 걸어 10분 거리. 돌계단을 따라 조금 올라가야 한다. 두근거리는 마음으로 삼존불을 마주한다. 중앙에 제일 큰 모습의 미륵불, 좌측에는 제화갈라보살, 오른쪽에 반가사유 보살좌상이다. 우리를 쳐다보고 웃는다. 천년을 넘어 세상에 빛을 주는 백제의 미소가 바로 이런 것이구나 하는 생각이 든다. 둥근 얼굴, 서글서글한 눈매, 커다란 콧방울, 올라간 입꼬리, 얼굴 전체에 미소가 퍼졌다. 김훈은 『자전거 여행 2』(생각의나무, 2007)에서 서산마애삼존불은 종교적

백제의 미소를 띤 서산마애삼존불상

뇌가 섹시한 중년

신성을 모두 털어버리고 생로병사를 수용하는 인간의 현세성을 나타낸 표정이라 했다. 부처보다는 인간 쪽으로 훨씬 가깝게 다가왔다는 의미다.

상상했던 것보다 크기가 크지는 않지만, 백제 후기에 만들어진 후, 지나 온 세월에 비해 새김이 선명하다. 삼존불 위에는 마치 처마처럼 바위가 툭 튀어나와 있는데 그 바위가 비바람으로부터 불상을 보호하고 있어 보존이 더 잘 되었다고 한다. 30년 전에 한 번 와 봤다는 어느 관광객의 말에 의하면, 일제 강점기에 일본 사람들이 이 불상을 그대로 떼어내어 일본으로 반출하려고 했다고 한다. 계단을 내려오면서 바위의 옆면을 자세히 보니 인공적으로 파낸 흔적들이 보인다. 이 불상을 여기 이 바위에 새겨 천 년의 미소를 우리 곁에 남겨 둔 백제의 장인이 무슨 생각을 했을지 생각하니 내 얼굴에도 옅은 미소가 번진다.

단아한 정취, 서산 개심사

개심사 입구에는 여느 절과 마찬가지로 여러 식당과 약초를 파는 할머니들이 있다. 그 광경을 유심히 살펴보면 그 절의 상황을 짐작할 수 있다. 사람이 많이 찾는 유명한 곳인지, 아니면 조용하고 한적한 절인지 표시가 난다. 개심사는 후자다. 일주문은 새로 지은 지 얼마 되지 않은 듯 기단의 화강암이 깨끗하고 기둥과 천장의 채색이 선명하다. 일주문을 지나 포장된 길을 500여 미터 올라가면 거기서부터는 돌계단인데, 숲과 개울과 어우러져 운치가 있다.

돌계단 끝에서 처음 눈에 들어오는 것은 작은 연못과 배롱나무다. 연못에 가지를 드리운 배롱나무에 백일홍이 다 피어 있었다면 그 풍경이 어땠을까 싶다. 연못을 지나 올려다 보이는 것은 범종각이다. 이 절에는 흔히 있는 사천(王)문이 없는 대신 범종각이 절의 제일 앞쪽에 나와 있다. 기둥과 보의 단청은 빛바랬지만, 눈길을 끈다. 특이한 점은 기둥과 보의 생김새다. 모두 구불구불하다. 일자로 반듯한 나무를 쓴 게 아니라 못난이들을 가져다 목재로 삼았다. 그래서 그

못난이 목재로 지은 개심사 종무소

뇌가 섹시한 중년

런지 한참을 쳐다보게 된다.

개심사 전체 구조가 좀 독특하다. 본당인 대웅보전 맞은편에는 안양루, 왼편에는 심검당과 종무소가 있고, 오른쪽에는 무량수전이다. 크지 않은 직사각형 모양의 마당을 두고 건물들이 사방으로 이어서 배치되어 있다. 대웅보전에서 보이는 안양루의 큰 창문이 없었더라면 무척이나 답답했을 것이다. 이 절의 대웅보전이 보물 제143호로 맞배지붕의 다포계 형식이고, 내부는 주심포계라 조선 시대 다포계 목조건물의 귀중한 자료라고 하는데, 열심히 보아도 내 눈으로는 그 귀함을 찾기가 어렵다. 오히려 심검당과 잇대어 있는 종무소 입구의 기둥과 보의 자연스러움에서 나오는 세월의 흔적이 더 귀하게 보인다. 겉으로 드러나는 아름다움이 아니라 은근히 숨겨져 있고, 그 멋을 뽐내지 않고 서서히 엷어지게 하는 사라짐의 미학이 있기 때문이 아닐까.

절을 내려오니, 식당 주변 큰 나무 밑에서 강아지들이 장난을 치고 논다. 이제 겨우 두세 달 된 어린 녀석이 다섯이나 된다. 자기네들끼리 깨물고 뒹구는데 나도 그 틈에 끼어 한참이나 놀았다. 표고버섯 한 봉지와 자두 몇 개를 산 후, 해미읍성으로 향했다.

옛 슬픔을 품어 안은 해미읍성

개심사에서 해미읍성까지는 15분 거리다. 가는 길에 대관령에서나 볼 수 있을 법한 낮은 언덕의 목장이 펼쳐져 있는 색다른 풍경을 볼 수 있다. 해미읍성은 추사고택이나 개심사와는 다르게 찾는 사람이 많은 모양이다. 주차장도 꽉 찼고, 정문 앞 분식점에도 사람이 줄을 서 있다. 정성을 들여 다시 정비한 듯, 크고 작은 돌이 층층이 5m 높이의 성벽을 단단히 이루고 있다. 자료를 보니 전체 둘레가 1,800m라고 한다.

해미읍성 안에는 놀이가 한창이다. 사물놀이패가 잔디밭에서 사람들과 흥겹게 어울리고, 가족 나들이를 나온 사람들은 여기저기 자리를 펴고 앉았다. 아이들은 연을 날리기도 하고 공놀이도 한다. 가운데 길을 따라 걷다 보니 오른편에 옥사가 있고 그 앞에 이곳에서 가장 유명한 회화나무가 있다. 이 옥사와 회화나무는 1790년부터 100년 동안이나 천주교도들을 가두고 고문하던 곳이다. 이곳에서 목숨을 잃은 이가 3,000명이나 된다고 한다. 옥사 안에는 태형을 치던 곤장대가 마당에 놓여 있다. 회화나무에 철사를 걸어 천주교 신자들의 목을 매달기도 했다는데, 지금의 한가롭고 평화로운 모습과 쉽게 겹쳐지지 않는다. 오랜 세월 인간의 고난과 슬픔을 보고 들은 회화나무의 마음이 아이들의 재잘거림과 웃음으로 위안을 받을 수 있었으면 좋겠다고 잠시 생각했다. 나오는 길, 정문 옆 화단에 핀 해당화의 짙은 분홍색이 눈에 깊이 들어온다.

서산은 해가 지는 고향으로 알고 있는데, '해 뜨는 고장, 서산'이라고 홍보를 하는 모양이다. 여기저기 그런 홍보 문구가 보인다. 해가 진다는 것은 사그라진다, 사라진다는 의미와 통하므로 주민의 열망

뇌가 섹시한 중년

인 '발전'에 반하는 것이니 그럴 만도 하다는 생각이 들었다.

하지만 해가 진다고 해서 영원히 지는 것은 아니다. 오늘 서해로 넘어간 해는 내일이면 동해에서 다시 떠오른다. 천 년 전 백제는 멸망했어도 그 자리에 오늘을 살아가는 우리가 있듯이. 옛사람은 가더라도 세상에는 새 생명의 울음소리가 다시 울려 퍼지리라. 해가 진다는 것은 해가 진 다음에 오는 긴 밤과 곧 다가올 새벽을 예비하듯, 꽃이 진 나뭇가지에 봄이 되면 다시 새싹이 움 틔울 것이다. 구름이 많이 낀 날이 아니었다면 서해가 보이는 곳까지 가서 늦여름의 태양이 바닷속으로 지는 모습을 오랫동안 보았으리라.

중년의 시기에는 여행 다니기에 좋다. 자녀들도 다 자라서 혼자나 부부만 다닐 수 있다. 시간에 쫓기지 않으면서 하루에 멀지 않는 한두 곳을 돌아보고, 맛집도 찾아다니면 재미가 배가 된다. 학창시절 수학여행 때의 추억도 떠올리면서 책에서 보던 익숙함 속에서 낯선 무언가를 만날 수 있어서 더욱 좋다. 예전에 보지 못했던 것이 보이고, 느끼지 못한 것이 가슴에 문득 와닿는다.

그래서, 중년에 하는 여행이 참 좋다.

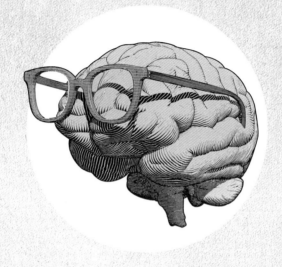

2부

현재를 생각하다

소
확
행

작은 행복을 즐겨라

소확행, 작지만 확실한 행복

인터넷 신문을 보다 '나홀로족 증가가 바꾼 소비트렌드_와인, 위스키도 용량 줄였더니 매출 껑충(헤럴드경제, 2018. 3. 21.)'이라는 기사가 눈에 띄었다. 혼술을 통해 소확행을 느끼는 소비자가 증가함에 따라 업체마다 용량을 줄인 주류를 새로이 선보이면서 매출이 몇 개월 사이에 몇 배씩 올랐다는 내용이다. 생일 등 특별한 날에만 마시는 비싼 술이라는 기존의 이미지를 바꾸어 평범한 일상 속에서 나홀로, 또는 가족 캠핑 등에서 가볍게 즐길 수 있도록 주류 업체들이 발 빠르게 대처하고 있다고 한다. 나를 위한 가치 있는 소비를 통해 만족과 기쁨을 찾는 현대인의 트렌드를 반영한 결과라는데, 이런 트렌드를 요즘 '소확행'이라고 부른다.

'소확행'은 작지만 확실한 행복을 뜻한다. 일본 작가 무라카미 하루키의 수필집 『랑겔한스섬의 오후』(1986)에 등장하는 말이다. 갓 구운 빵을 손으로 찢어 먹는 것, 서랍 안에 반듯하게 접어 돌돌 만 속옷이 잔뜩 쌓여 있는 것, 새로 산 정결한 면 냄새가 풍기는 하얀 셔츠를 머리에서부터 뒤집어쓸 때의 기분을 그는 소확행이라고 했다.

『트렌드 코리아 2018』(미래의창, 2017)를 보면, 소확행을 추구하는 사람은 좌절에 빠지기보다는 실리를 챙기는 데 익숙하다고 한다. 그들은 값비싼 레스토랑에 가기보다 제일 비싼 도시락을 사고, 수입 캔맥주를 마시며 현실적인 만족감을 느끼는 사람이다. 소확행의 트렌드는 우리나라와 일본뿐만 아니라 미국에서도 100m 마이크로 산책이 유행하는 등 세계적인 추세라고 소개한다.

이런 의미로 보자면, 소확행은 행복을 미래에 두지 않고 바로 지금이라고 생각하는 것이다. 미래의 행복을 위해 현재의 작은 행복을 유보하지도 희생하지도 않는다. 강렬하고 특별한 이벤트가 아니라 하루하루 평범한 생활 속에서 작은 행복을 추구하는 것이고, 강도보다는 얼마나 자주 경험하느냐 하는 빈도를 중요시한다. 어쩌다 한 번의 큰 행복보다 작은 행복을 자주 경험할수록 더 행복해진다는 의미다. 그래도 연인이나 배우자는 여전히 생일이나 결혼기념일이면 특별한 이벤트를 기대하고 있을지도 모르지만.

나의 일상 속의 소확행은 무엇일까? 커피를 갈기 전에 직접 로스팅 커피를 담은 병을 여는 순간의 커피 향, 다 내린 커피를 잔에 부어서 한 모금 입안에 머금는 순간, 세탁소에서 찾아다 걸어 놓은 와이셔츠 비닐 커버를 벗겨낼 때 풍기는 연한 세제 냄새, 인터넷 서점 택배 종이 상자를 열고 기다리던 책을 꺼내는 순간, 토요일 이른 아

뇌가 섹시한 중년

커피나무 잎이 자라는 모습

침 홀로 서재에 앉아 읽던 책을 다시 읽기 시작할 때. 생각해 보니 정말 별거 아닌 소소한 일상이다. 이 작은 일상으로 하루가 즐겁고 행복해진다. 누군가의 말처럼 매일 행복할 수는 없지만, 행복한 일은 매일매일 있다.

WAG THE DOGS

소확행의 기원은 무라카미 하루키의 소설이지만, 이 말이 우리 사회에 유행하게 된 것은 『트렌드 코리아 2018』에 의해서다. 트렌드 코리아 시리즈는 서울대 소비트렌드 분석센터에서 2007년부터 매년 펴내고 있다. 전년도의 소비트렌드를 분석하고 그 해의 소비트렌드 전망을 통해 대한민국 사회가 나아갈 방향을 제시한다.

2018년 소비트렌드 10개 키워드를 우리말 단어로 나열하면, 소확행을 비롯하여 플라시보 소비, 워라밸 세대, 언택트 기술, 나만의 커렌시아, 만물의 서비스화, 매력의 자본화, 미닝아웃, 관계, 주변 등이다. 이들을 영어 두음 글자로 연결해서 한 해의 특징을 나타내는데 2018년은 WAG THE DOGS다. 웩더독이란 '꼬리가 몸통을 흔들다'라는 숙어적 영어 표현인데, 원래 이 말은 금융시장의 용어로 주식시장에서 선물시장(꼬리)이 현물시장(몸통)을 좌우할 때 쓰는 말이라고 한다. 사은품이 본 상품보다, 노점의 푸드 트럭이 백화점 푸드코트보다, 1인 방송이 주 매체보다 인기를 끄는 현상 등을 의미한다. 2018년은 그런 변화의 바람이 거셀 것이라 전망했는데, 그 말이 현실이 되었다.

WAG THE DOGS 중에서 몇 가지를 살펴보자.

첫째, 플라시보 소비는 '가성비에 가심비를 더하다'라는 말로 표현된다. 경기 침체기의 소비자들은 명품 위주의 값비싼 소비에서 벗어나 가격 대비 성능이 우수하거나 품질이 좋은 '가성비'를 중요하게 여긴다. 인터넷 쇼핑몰 사용후기 댓글을 살펴보면 '가성비 좋음'이라는 말을 자주 볼 수 있다. 품질에 비해 가격이 싸니 구입해도 좋다는 의미다. 2018년에는 이 가성비에 가심비를 더했다. 산 물건의 가격과 품질만을 따지는 것이 아니라 그 물건이 내 마음을 얼마나 만족시키느냐가 구매의 중요한 요소라는 의미다. 가심비는 사실 정량화되고 객관적인 기준이 있는 것도 아니다. 순전히 소비자 개인의 마음에 달린 문제라 확정적이지도 일관성이 있는 것도 아니다. 그래서 마치 위약(플라시보, placebo)과 비슷한 점이 있다고 하여 이런 경향을 플라시보 소비라고 한다.

플라시보는 심리적 효과를 얻기 위하여 환자가 의학이나 치료법으로 받아들이지만, 치료에 아무런 도움이 되지 않는 가짜 약제를 말한다. 플라시보는 라틴어로 '마음에 들다'라는 뜻이다. 의사가 환자에게 가짜 약을 투여하면서 진짜 약이라고 하면 환자가 이를 믿고 상태가 좋아지기 때문에 병이 낫는 현상을 말한다. 이런 의미를 현대 소비자의 심리상태와 연결 지어 플라시보 소비라는 트렌드를 제시하고 있다.

둘째, 워라밸은 Work-Life-Balance를 뜻한다. 일과 휴식, 직장과 가정, 공적인 영역과 사적인 영역의 적절한 균형을 의미한다. 『책의 이끌림』(북랩, 2017)에서 언급했던 '저녁이 있는 삶'이 바로 워라밸이다. 퇴근 시간이 되면 마음 편하게 퇴근할 수 있고, 퇴근 이후 시간은 개인적이고 사적 영역이라는 것을 서로 인정하고 존중하는 경향이 확산되고 있다. 좋은 쉼이 일의 능률을 높이고, 더 나은 직장 생활을 위해 필수적이다. 주말은 새로운 한 주를 위한 휴식과 충전을 위한 시간이 되어야 한다. 이런 분위기는 민간 기업뿐만 아니라 최근에는 공직 사회에서도 확산하고 있는데, 아직은 갈 길이 멀어 보인다.

같은 사무실에서 근무하던 어느 신임 사무관이 퇴근 후나 주말에 직장 동료에게서 자주 전화가 온다고 불만을 쏟아내는 걸 본 적이 있다. 교육부 내부 익명게시판에도 그런 글이 자주 등장한다. 개인 시간과 사적 공간을 인정하지 않고 소중하게 생각하지도 않는 직장 분위기에 대한 거부감이다. 정부 각 부처에서 여러 가지 방법으로 노력하고 있고, 예전과는 다르게 조금씩 나아지고 있는 분위기다. 하지만 단기간에 해결할 수 있는 문제가 아니라 사회적인 공감과 인식이 확대되어 문화로 자리 잡아야 가능한 일이다.

밀레니엄 세대는 직장에 우선순위를 둔 기성세대와는 다르게 일과 개인적 삶의 균형을 중요하게 생각하는 경향이 강하다. 이런 사실을 기성세대가 인정하지 못하면 그들과 예상치 않는 충돌을 겪을 수도 있다. 기성세대가 당연하게 생각하는 것과 밀레니엄 세대의 그것은 다르다는 것을 인정하고 받아들여야 한다. 하긴 머리는 받아들이지만 가슴이 그렇지를 못하니 가끔 울화통이 생긴다.

셋째, 케렌시아(Querencia)에 대해서 살펴보자. 전 세계에서 가장 행복하다는 덴마크인의 행복의 원인이 무엇인가를 알려주는 책인 『휘게 라이프, 편안하게 함께 따뜻하게』(위즈덤하우스, 2017)는 휘게가 시작되기 위해서는 핵심 공간이 필요하다고 한다. 그 공간은 햇볕이 드는 창가, 벽과 벽 사이 등 다리를 접은 채로 겨우 앉을 수 있는 작

뇌가 섹시한 중년

나만의 케렌시아가 된 거실 서재

은 공간을 말한다. 케렌시아는 투우장의 소가 마지막 일전을 앞두고 홀로 잠시 숨을 고르는 자기만의 공간을 의미하는 것으로 나만이 알고 있는 아늑한 휴식 공간을 의미한다. 그뿐만 아니라 새로운 에너지를 얻고 활력을 되찾을 수 있는 취미와 창조 활동의 공간이기도 하다. 바쁜 일상에 지치고 힘든 개개인이 자기만의 공간을 갖는 것은 그런 의미에서 중요하다.

가정의 서재나 다락방일 수도 있고, 자주 가는 카페의 구석진 자리일 수도 있겠다. 근처 공원의 그늘진 벤치가 되어도 좋다. 잠시 기대어 앉아 책을 읽거나 음악을 듣거나, 그저 파란 하늘을 올려다볼 수 있어도 좋다. 그곳이 나만의 작은 안식처이기만 하면 된다.

내가 소중한 만큼 남도 소중하다

소확행, 플라시보 소비, 워라밸, 케렌시아 등 2018년 소비 트렌드 전망은 우리 사회와 문화에 근본적인 변화가 일어나고 있다고 말한다. 개인 가치에 대한 소중함과 중요성이 무엇보다 커지고 있다는 것이다. 과거 산업화 시대의 집단주의 조직문화에 대한 거부감이 커지고, 개인의 개성을 존중하는 문화로의 변화가 거세지고 있다. 그렇다고 젊은 세대가 직장이나 조직의 가치를 무시하는 것은 아니다. 현명한 그들은 직장은 내 삶의 일부로 존중하고 그러면서 개인도 존중받고 싶어 한다. 개개인의 가치와 개성이 인정받는 가운데 조직과 집단의 발전이 있다는 생각이다.

가족 형태도 대가족에서 핵가족이라는 개념을 넘어 이제는 솔로라이프가 익숙해진 세상이다. 1인 가구가 늘면서 혼자 술 먹고(혼술), 혼자 밥 먹고(혼밥), 혼자 여행하는(혼행) 등 혼자 살아가는 것이 낯설지 않고, 불편하지 않은 세상이다. 개인은 존중받아야 하고, 사생활은 침해받지 않아야 한다는 가치를 공유하고 인정하는 분위기가 확산되고 있다.

이러한 분위기는 개개인의 느낌과 감정이 중요하다는 문화로 나아
간다. 물질적인 소유와 축적의 가치에서 벗어나 개인이 어떻게 생각
하고, 어떤 감정을 가지는지가 중요하다는 것이다. 다른 사람의 시선
을 의식하며 자신의 감정을 숨기지 않는다. SNS를 통해 적극적으로
개인의 감정을 표현한다. 그러면서 작은 것에 행복을 느끼고, 주위
사람의 인정과 지지가 아니라 자기가 느끼는 감정을 훨씬 소중하게
여긴다. 남이 아니라 내가 만족하고 인정하면 된다는 생각, '나'라는
개인을 우선한다.

개인의 가치와 사적 영역, 그리고 개인의 감정과 느낌을 존중하고
인정해야 한다는 점에 공감하더라도 잊지 말아야 할 것이 있다. 내
가 소중한 만큼 남도 소중하고, 나의 영역을 보호받고 싶은 만큼 다
른 사람의 공간도 보호해 주어야 한다는 점이다. 개개인이 자기 감
정만을 앞세워 다른 사람의 마음에 상처를 주는 것을 경계해야 한
다. 자신의 감정과 느낌만을 강조하다 보면 감정의 충돌이 생기고 모
두가 상처받는 원치 않은 상황이 발생할 것이 뻔하기 때문이다. 나
만의 작은 행복을 마음껏 누리면서 내 곁에 있는 다른 사람의 '작지
만 소중한 행복'도 함께 응원해 주는 나눔의 행복관이 필요하다.

중년은 그동안 가족과 직장을 위해 자신을 희생해 왔다. 자신을
먼저 생각하기보다는 가족과 집단을 먼저 생각하는 것이 옳은 일이
라고 여기며 살아왔다. 내가 좀 불편하고 힘들더라도 가족이 행복

하다면, 회사가 발전한다면 괜찮다고 믿어왔다. 그 믿음이 틀렸다고 생각할 필요까지는 없겠지만, 이젠 나를 좀 더 표현하고 내어놓아도 괜찮겠다. 그러면서 다른 사람의 마음도 보듬을 수 있다면 더 좋다. 작고 소소한 일상에 눈을 뜨고 감사하자. 그러면 작은 행복이 매일 매일 우리 곁에 있을 것이다.

뇌가 섹시한 중년

커피 잔에 담긴 일상

커피는 일상이다

"커피는 당신에게 무엇입니까?"

탄베 유키히로가 쓴 『커피 과학』(황소자리, 2016)의 본문 첫 문장이다. 커피를 매일 직접 갈고, 내리고, 마시고, 때로는 카페에서 커피를 마시면서도 한 번도 이런 질문을 자신에게 해 보지 않았다. '커피는 나에게 뭐지?' 그저 취미활동인가? 아니면 목이 마르면 물을 마시듯 생물적 욕구에 따라 마시는 음료일 뿐인가? 매일 커피를 마시고 사랑하는 대부분의 사람도 이런 질문을 자신에게 해보지는 않았을 것이다. 책을 읽는 내내 생각해 봤다. 좀 그럴싸하고 멋있는 뭔가가 없을까 여러 날을 생각해서 내린 결론은, 어이없게도 그냥 '일상'이다.

커피는 특별한 그 무엇이 아니라, 매일 아침을 함께 시작하고, 피곤하고 나른한 오후를 함께 보내고, 사람들과의 대화 속에 없는 듯이 늘 한자리를 잡고, 책을 읽고 글을 쓸 때 옆에 묵묵히 자리를 지

뇌가 섹시한 중년

키고 있는 동무다. 이 녀석은 특별하지는 않지만, 곁에 없으면 금방 빈자리 티가 난다. 흔한 커피가 막상 곁에 없으면 얼마나 허전해지는지 커피를 즐기는 사람은 누구나 안다. 그럴 때면, 커피 한 모금에 담긴 그 달콤 씁쌀한 맛이 더 간절해진다. 커피는 매일 반복되는 하루를 함께 시작하고 보내는 동반자다. 그러니 그가 없으면 불안하고 허전하다. 시시한 듯한 일상이 그렇듯이. 그런 의미에서 커피는 일상이다.

우리는 일상을 하찮게 생각하는 경향이 있지만 사실 일상은 매우 중요하다. 어떤 이유로 인해 일상이 흐트러지거나 깨져버리면 그 의미를 알게 된다. 몸살감기에 걸린 경우를 생각해 보자. 아침에 일어나는 일도, 끼니마다 밥을 먹는 것도, 학교에 가거나 직장을 가는 간단한 일상 자체를 보내기가 힘들어진다. 그런 때가 되면 그저 평범한 일상을 누릴 수 없다는 것이 아쉬워진다. 때론 지루하고 의미 없어 보이던 일상이 그리워지는 것이다. 자기 자신이 아니라 가족이나 동료의 일상이 무너지는 일이 생겨도 마찬가지다. 늘 내 옆에 있을 것 같던 부모·형제나 자녀, 무덤덤하던 옆자리 동료에게 무슨 일이 생기면 나의 일상에도 변화가 생긴다.

일상은 나 혼자만으로 만들어지지 않는다. 주위의 사람들과의 관계, 그 관계를 연결하고 있는 보이지 않는 수많은 씨줄과 날줄, 그리고 커피. 그때 문득, 일상이 평범하지 않고 특별한 것이라는 역설을 느끼게 된다. 그래서 혹자들은 일상이 소중하다고 하고, 행복은 바로 일상이라고 말한다.

커피 한 잔을 위한 수고로움

커피를 즐기는 방법은 다양하고 제각각이다. 집에서 커피 메이커로 내려서 마시는 사람도 있고, 아침 출근길에 카페에 들러 커피를 사서 마시는 사람도 있다. 직장 근처에 커피 전문점이 예전보다 훨씬 많아졌다. 점심시간이 되면 커피 한 잔을 손에 들고 다니는 모습은 이제 익숙한 풍경이다. 가까이에 있는 커피를 마다하고 멀리 있는 커피를 찾은 이들도 있다. 커피 마니아들은 테라로사나 박이추 선생의 보헤미안이 있는 강릉까지 커피 한 잔을 위한 수고를 마다하지 않는다. 커피가 단순한 커피에 머무는 것이 아니라 삶에 의미를 부여하고 특별한 무언가가 되는 순간이다.

요즘은 커피를 직접 내려 마시는 사람이 많아졌다. 로스팅도 직접 하고, 전문가 못지않은 솜씨로 커피를 갈아 핸드드립으로 내려 마신다는 사람들의 모습을 SNS를 통해 심심찮게 보게 된다. 커피를 직접 내리는 모습은 언뜻 멋있고 우아해 보이지만, 사실은 그 이전 과정이 번거롭고 힘들다.

우선 좋은 생두를 고를 줄 알아야 한다. 인터넷 전문 쇼핑몰을 통해 기호에 맞는 생두를 사려면 많은 시행착오를 겪어야 한다. 이것저

가정에서 직접 로스팅하는 사람들이 늘고 있다

것 직접 로스팅해 보고 맛을 비교하면서 공부하는 데 시간을 많이 투자해야 한다. 또 커피 종류는 얼마나 많은가.

케냐 AA로 대표되는 아프리카산 커피만 하더라도 르완다, 말라위, 부룬디, 에티오피아, 예멘, 케냐, 탄자니아 등으로 다양하다. 구수한 맛과 향기로 인기가 높은 에티오피아 종에는 G1 시다모 구지 (바야/보카소/이과바에/헤보/헤아바), G1 예가체프, 예가체프 데베칸, 빌로야, 첼레케투, G1 훈쿠테 등 이름이 생소한 것들이 많다. 아프리카, 남아메리카, 아시아 등 대륙별 산지 생두도 구분하기 힘들다.

로스팅 과정은 더 복잡하다. 가정용 소형 로스터기를 이용하면 그나마 낫겠지만 프라이팬 등 수동으로 하는 경우에는 번거로움이 훨씬 많다. 로스팅 과정에서 발생하는 열기, 연기 그리고 바람에 날아 다니는 체프를 치우는 일도 만만치가 않다.

로스팅을 하면 생두에 포함되어 있는 수분이 빠져나간다. 처음 생 두의 무게에서 10~15% 정도가 줄어든다. 1kg의 생두를 소형 로스 터기를 사용해서 로스팅하려면 한 번에 200g 정도, 4~5차례는 해 야 한다. 커피 한 잔을 내리는 데는 대략 15~20g 정도의 커피가 필 요하니, 1kg을 로스팅하면 40~50잔 정도를 만들 수 있는 양이 된 다. 두 사람이 커피를 마신다고 가정하면 한 달에 2~3번 정도의 로 스팅이 필요하다.

로스팅하기 전에 생두를 꼼꼼히 살펴서 벌레 먹었거나 모양 이 이상하거나 상한 것들은 먼저 가려내는데, 이런 과정을 핸드픽 (Handpick)이라고 한다. 원두에 상한 것이 섞여 있으면 잡맛이 난다. 상한 생두가 섞이지 않아야 로스팅도 고르게 된다.

커피 맛의 생명은 로스팅에 있다. 어떤 이들은 드립(Drip)에 있다고 도 하지만 로스팅이 커피 맛의 대부분을 좌우한다. 로스팅을 어떻 게 하느냐에 따라 커피 맛이 완전히 달라지기 때문이다. 강하게 로 스팅하면 쓴맛을, 약하게 하면 신맛이 강한데 오랫동안 경험하지 않 으면 적절한 포인트를 찾아내기가 쉽지 않다. 로스팅의 정도를 '배전 도'라고 하는데, 미국 기준으로 가장 약한 단계인 라이트에서 제일 강한 이탈리안까지 8단계(라이트-시나몬-미디엄-하이-시티-풀시티-프렌치-이탈 리안), 일본의 경우는 약배전, 중배전, 강배전으로 3단계로 나눈다. 예민하고 섬세함이 필요한 과정이라는 의미다.

뇌가 섹시한 중년

스톱워치로 정확한 시간을 재어가며 로스팅을 하지만 생두의 원래 상태(크기, 수분 함량 등)에 따라 차이가 나기 때문에 로스팅 과정 내내 마음을 놓을 수 없다. 투명 유리로 들여다보이는 커피콩의 색깔 변화를 세심하게 지켜봐야 한다. 강릉의 보헤미안의 박이추 선생은 로스팅할 때는 끼니도 로스팅 기계 옆에서 할 정도라고 하니 로스팅에 얼마나 공을 들이는지 짐작이 된다. 로스팅 후에는 쿨러(Cooler)로 재빨리 식히고, 그런 다음 한 번 더 핸드픽한다. 로스팅 과정에서 새까맣게 탔거나 덜 익은 콩, 갈라지고 깨진 콩들을 들어낸다. 그 후에는 유리 밀폐 용기에 담아 보관한다.

로스팅 직후의 커피가 맛이 있다고 하는 사람도 있지만, 로스팅 후 이틀 이내의 커피는 맛이 밋밋하고 때로는 원두의 비릿한 맛이 나기도 한다. 커피 특유의 보디감이 부족하다. 3~4일 정도 밀폐 용기에서 숙성을 시킨 후, 2주 이내에 먹는 것이 가장 좋다. 그래야 커피가 가진 단맛, 쓴맛, 신맛 그리고 과일향 등 다양하고 풍부한 맛을 즐길 수 있다. 2주가 지나면 산패가 일어나 맛이 변형되기 쉽다. 커피 원두에 기름 성분이 배어 나오면 산패가 시작되었다는 신호다.

드디어 드립이다. 드립을 할 때는 물의 온도가 중요하다. 대개 85~90도 정도의 물을 사용하는데 온도에 따라서도 맛이 달라진다. 로스팅의 정도, 커피의 양, 커피 가루의 굵기에도 영향을 받는다. 여러 번 시도해 보면서 자기 나름의 포인트를 찾는 게 과제다. 이런 과정을 거치면서 마시는 커피가 맛있을까? 번거롭고 까다로운 과정이긴

강릉 보헤미안에 가면 박이추 선생이 직접 내려주는 커피를 마실 수 있다

하지만, 자신의 기호를 찾아가는 과정이라 재밌다. 그리고 그렇게 만든 커피는 틀림없이 맛있다.

커피와 건강

물론, 모든 사람이 커피를 맛있어하고 좋아하는 건 아니다. 카페에서 판매하는 커피를 좋아하는 사람도 있고, 자기만의 커피를 사랑하는 사람도 있다. 커피를 전혀 마시지 못하거나 좋아하지 않는 사람도 있다. 커피가 너무 자극적이라거나 커피를 마시면 속이 쓰리다든지, 가슴이 두근거린다든지, 잠을 못 잔다든지 하는 사람들도 많

뇌가 섹시한 중년

다. 커피 맛에 대한 호불호뿐만 아니라 커피가 인체의 건강에 미치는 영향도 여러 가지다. 하루 한 잔 정도의 커피는 혈액순환이나 소화에 좋다고 주장하는 사람이 있는 반면에, 건강에는 전혀 도움이 되지 않는다고도 말하는 이도 있다.

탄베 유키히로는 그의 책에서 그런 엇갈린 주장들을 소개한다. 저자가 교토대학교 대학원 약학 연구과에서 의학박사 학위를 받았고, 현재 시가 의과대학에서 암에 관한 유전자학 및 미생물학을 가르치고 있는 사람이라 그런지, 책에는 커피를 과학적으로 분석한 내용이 많다. 특히 마지막 장에서는 커피와 건강 관련 내용을 다루고 있는데, 몇 가지를 요약해 보면 다음과 같다.

2002년 네덜란드 연구자가 커피 음용자는 2형 당뇨병 발병 위험이 낮다는 연구 결과를 발표했다.

메타 분석에 따르면 커피 섭취량이 하루 한 잔 늘어날수록 약 20% 간암 위험 저하가 있다.

방광암과 관련해 하루 한 잔으로 위험이 35% 상승한다는 메타분석 결과가 있다.

심장질환과 뇌졸중 위험은 커피를 한 모금도 마시지 않는 사람에 비해 오히려 소량~중간 정도 마신 사람이 낮게 나타났고, 하루 3~4잔을 변곡점으로 하여 섭취량이 증가하면 위험 상승 쪽으로 향하는 U자형 용량-반응 곡선이 된다.

2012년, 총 40만 명을 12년간 추적 조사한 NIH(미국 국립위생연구소)

의 대규모 코호트 결과 커피를 마시는 집단의 조사기간 총사망률이 전혀 마시지 않는 집단보다 낮았다.

위의 내용으로 보면, 커피는 건강에 좋은 면과 안 좋은 면을 둘 다 가지고 있고, 설령 건강에 좋다는 주장을 지지한다고 하더라도 지나친 것은 좋지 않다는 것이다. 커피 한 잔이 주는 즐거움을 즐길 준비가 되어 있다면, 그저 즐기면 그뿐이다. 추운 겨울 커피잔으로부터 전해오는 따뜻함과 더운 여름 아이스커피의 알싸한 시원함은 커피를 좋아하는 사람만이 누릴 수 있는 행복이다. 여유가 된다면, 각자의 기호에 맞는 커피를 찾아보는 것도 하나의 재미가 될 것이고, 때로는 커피 맛의 마법을 부리는 특별한 바리스타를 찾는 커피 여행도 해볼 만하다. 이 글을 읽고 있는 지금, 아직도 커피 맛을 모른다면 인생의 맛 하나를 모르고 사는 것이라고 감히 단언할 수 있다.

뇌가 섹시한 중년

섹스

(Sex)

오래된 사랑을 위한 타협

여자 한 명, 남자 한 명

우리나라와는 다르게 이집트 등 이슬람 국가에서는 공식적으로 일부다처제를 허용하고 있다. 카이로 한국학교 파견근무 당시(2004~2008년) 같이 근무하던 이집트인 직원 중에도 아내가 둘인 직원이 있었다. 그의 말에 의하면 아내를 세 명까지 둘 수 있다고 했다. 우리 같은 외국인도 가능하냐고 농담 삼아 물으면, 공식적으로 무슬림이 되어야 한다며 부럽냐는 듯이 웃곤 했다. 물론 무슬림 성인 남자 모두가 여러 명의 아내를 두는 것은 아니다. 교육 수준이 높고 외국문화에 개방적인 도심 중산층은 대부분 일부일처제이고, 도시 외곽이나 농촌 지역에서는 여전히 일부다처제가 흔하다고 한다. 한 남자가 세 명의 아내와 같이 살려면 경제적으로 능력이 있어야 하지 않느냐고 했더니, 꼭 그렇지만은 않다고 했다. 새로운 아내를 맞이할 당시에는 지참금을 주기 위해 어느 정도의 돈이 필요하지만, 막상 결혼하고 나면 그 아내들이 벌어서 오히려 한 명의 남편을 부양하는 경

남녀 간의 사랑 　　　　　　　　　　　　　出처: pexels.com

우가 많다는 것이다.

　이집트처럼 일부다처제를 허용하는 나라도 있지만, 우리나라를
비롯해 세계 대부분의 나라에서는 일부일처제를 법으로 규정하고
있다. 한 명의 성인 남성이 한 명의 성인 여성과 결혼하는 것이 가장
기본적인 형태다.

　아주 드물게 존재하는 일처다부제는 국가 제도가 생겨나기 전, 인
간 사회에서 널리 받아들여지던 관습이었다. 지금도 일부 국가의 몇
몇 부족에 이런 풍습이 남아 있기는 하지만 일반적인 제도는 아니
다. 일부일처제가 인간의 보편적인 문화라고 볼 수 있다.

　현재는 아주 보편적인 인간의 일부일처제는 다른 동물이나 포유류와는 다른, 인간만의 독특한 성적 습성 중의 하나다. 즉 대부분의 인간 사회에서는 남성과 여성이 결혼이라는 제도를 통해 짝을 이루어 생활하며, 두 당사자뿐만 아니라 다른 사회 구성원도 이를 의무로 결합한 계약으로 간주한다. 결혼식이라는 공개적인 선언과 혼인 신고라는 법적 절차를 거쳐 짝을 이룬 두 사람은 합법적이고 반복적인 성관계를 가질 수 있다. 이 점은 다른 동물과 구별되는 인간의 특징이다.

인간의 독특한 성(性, Sex) 습성

인간의 성은 다양한 면을 가지고 있다. 성은 새로운 생명을 창조하는 신비롭고 아름다운 것이다. 또한 남녀 간 사랑의 완성이며 가족을 구성하는 중요한 요소이다. 성은 쾌락과 유희의 도구이기도 하고, 엄청난 갈등과 처절한 복수의 원인을 제공할 때도 있다. 권력의 수단인 동시에 남용과 착취의 대상이 될 때도 있다.

이처럼 다양한 얼굴을 가진 인간의 성은 인류가 긴 역사를 이어오는 젖줄이자, 그 역사의 한 장면 한 장면을 다채롭게 만든 강렬한 색채이다. 연애, 사랑, 결혼뿐만 아니라 모험, 헌신, 탐욕, 성공, 불륜 등 인간의 모든 감정의 교집합이자 세상의 모든 문학과 미술, 영화와 음악, 심지어 유행가 가사의 바탕에는 아름다운 사랑으로 포장된 원초적 성이 존재한다.

인류학자 재레드 다이아몬드는 『섹스의 진화』(사이언스북스, 2005)에서 '인간만의 독특한 성적 습성들이 인간을 다른 동물들과 구분 지어 주는 고유의 특성들을 만드는 데 있어서 직립 보행이나 커다란 뇌만큼이나 중요한 기여를 해왔다'라고 주장한다. 즉, 우리의 고도로 발달한 문화, 언어, 기술을 발전시키는데 성이 중요한 역할을 했으며 결정적인 영향을 주었다는 것이다.

인류의 발전에 중요한 기여를 한 인간의 독특한 성적 습성은 여러 가지다. 장기적인 성적 배우자 관계, 자녀의 부부 공동 양육뿐만 아니라 여성의 배란기가 겉으로 드러나지 않는다는 점, 폐경이 있다는 점, 생식보다는 쾌락을 위한 성관계를 주로 한다는 점 등이다.

인간 이외의 대부분 동물은 특정한 시기, 그 시점에 결정하는 파트너와 성관계를 하지만, 인간은 배란기와는 관계없이 언제든지 성관계를 할 수 있다. 인간의 성관계는 주로 쾌락을 목적으로 이루어지기 때문에 자녀를 더 낳을 목적이 아니라면 배란기를 피하는 것이 오히려 더 일반적이다. 인간 이외의 대부분의 동물은 암컷의 배란기, 즉 번식을 위한 시기에만 성관계를 하고 그 외 대부분의 시간은 따로 생활한다. 더구나 배란기 때마다 같은 파트너를 만나는 게 아니라 다른 파트너와 성관계를 맺는 것이 일반적이다. 인간은 결혼 또는 동거의 형태로 장기적인 성적 배우자 관계를 맺으면서 그 목적을 충족해 왔다고 볼 수 있다. 이러한 장기적인 성적 관계의 지속성은 여성의 배란기를 남성은 알 수 없도록 진화하도록 한 요인이었다고 일부 학자는 주장한다.

인간과 달리 다른 동물은 배란기를 여러 가지 방식으로 드러낸다. 성기 주변이 붉게 물들기도 하고(시각), 특유의 냄새를 발산하기도 하며(후각), 특유의 소리를 내기도 하고(청각), 수컷에게 성기를 내보이기도(특정 행동) 한다. 포유류의 암컷은 배란 시기를 드러냄으로써 오직 가임기에만 수컷을 유혹한다. 가임기를 정확히 수컷에게 알림으로써 더 건강한 유전자를 받아들이는 데 유리하기 때문이다. 이들에게 섹스는 쾌락을 위한 것이 아니라 오직 생식을 위한 것으로만 진화했다. 이기적 유전자의 엄정한 명령인 자신의 유전자를 다음 세대로 전달하는 역할에 충실할 뿐이다.

인간의 장기적인 성적 배우자 관계는 자식에 대한 부부 공동의 양육 형태로 이어진다. 요즘에도 여전히 남성보다는 여성의 양육 역할이 크지만, 다른 동물과 달리 인간은 부부가 자식을 공동으로 키운다. 인간 이외의 동물의 세계에서는 대부분 암컷이 양육을 책임진다. 수컷은 자신의 정자를 암컷에게 제공하는 것으로 그 임무가 끝났다고 여긴다. 또 다른 상대를 찾아 자신의 유전자를 퍼뜨리기에 바쁘다.

새, 개구리, 물고기의 일부 종은 수컷이 양육을 책임지기도 하고, 심해어의 일부 종은 수컷이 교미 후에 암컷의 몸속으로 융합되거나, 사마귀, 거미나 곤충 중에는 교미 중에 또는 교미 후에 암컷에게 먹히는 특별한 경우도 있다. 태어날 자손의 영양 보충을 위해 기꺼이 자신을 희생하는 수컷 종이다. 이런 경우는 극히 일부분에 지나지 않는다 해도 남성의 입장에서 보면 좀 아찔하다.

뇌가 섹시한 중년

섹스리스(Sexless)와 금욕주의적 평온

배란기를 드러내지 않는 것, 폐경을 겪는다는 것은 성관계가 임신을 통한 자손을 남기려는 목적이 아닌 다른 목적을 위한 것으로 진화했다는 증거이다. 또한 장기적인 성적 배우자 관계는 그런 진화의 목적에도 부합한다. 그런데도 최근 부부관계 조사 결과, 섹스리스 부부가 많아지고 있다는 것은 진화의 방향이 바뀌고 있다는 의미일까? 유전자의 전달 이외에 쾌락 목적으로 성관계를 해 왔던 인간의 진화에 변화가 생긴 것일까?

결혼이라는 제도는 성적 만족을 안정적으로 해결할 수 있는 방법이다. 하지만 최근에 발표된 해외 논문에 나타나 있는 내용을 보면 다소 의외의 결과와 마주치게 된다. 최근 1년간 부부간의 성관계 횟수가 월 1회 이하인 상태를 섹스리스(Sexless)라고 하는데, 세계 섹스리스 부부 비율이 평균 20%에 이른다고 한다. 일본은 그 비율이 45%에 이르고, 한국은 그다음 수준으로 36%에 달한다고 한다. 10쌍의 부부 중에서 3~4쌍이 섹스리스, 즉 한 달에 한 번도 성관계를 갖지 않는 부부라는 의미다. 게다가 50대 부부는 그 비율이 거의 44% 정도라고 하니, 이 현상을 어떻게 해석해야 할까?

이런 섹스리스 현상은 20~30대에서 점차 증가해서 나이가 들어갈수록 높아진다. 우리는 이런 현상을 자연스러운 것이라고 생각해야 하는 걸까?

'와이프랑 아직도 섹스한다고?, 가족끼리 그러는 게 아냐, 부부는

그냥 손만 잡고 자는 거야.' '떨어져 지내게 되었다면서? 삼대가 덕을 쌓아야 한다는데, 축하해.'

중년 사이에서 오가는 이 같은 농담은 부부간의 성에 대해 우리 사회가 어떻게 바라보고 있는지를 짐작하게 한다. 농담이든 진담이든 부부간의 섹스리스 현상이 당연시되고 있다. 이유가 뭘까?

나이가 들면 성 기능이 당연히 감퇴할 거라고 생각하기 쉽다. 하지만 의학적인 연구나 조사에 의하면 남성의 경우에는 80대까지도 성 기능에 문제가 없다고 하며, 여성도 나이가 든다고 해서 성적 욕구나 기능이 줄어드는 것은 아니라고 한다. 섹스리스는 성 기능 장애 등 치료가 필요한 경우보다는 여러 가지 심리적인 요인이 더 크다고 전문가들은 주장한다.

우선, 우리나라의 부부는 늘 피곤하다. 이른 아침부터 저녁 늦게까지 직장에서 힘들게 지내다 보면 섹스에 대한 생각 자체가 없어진다. 20~30대는 유치원과 초등학교에 다니는 자녀가, 40~50대는 중, 고등학교에 다니는 자녀가 있는 시기다. 아침에는 어린이집, 유치원, 학교로 아이들 등교시키기에 바쁘고, 저녁에는 맡겨놓은 아이를 찾아와서 부족한 부모의 사랑을 채우기에도 버겁다. 늦은 시간에 학원을 마치고 돌아오는 아이를 데리러 가거나, 학원 차를 타고 돌아올 때까지 기다렸다가 간식이라도 챙겨 먹여야 한다. 야근도 많다. 직장 동료들과 회식도 해야 한다. 몸은 지치고 늘 피곤하다. 휴일에도 옆집 부모에게 뒤처지지 않으려면 아이들과 놀이동산도 가고, 여행

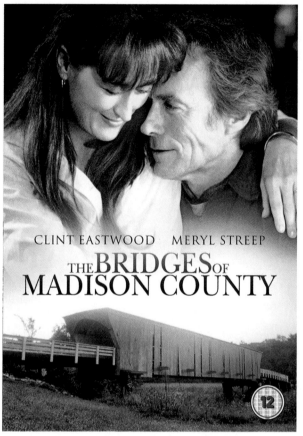

중년의 사랑을 그린 영화 <매디슨 카운티의 다리>

도 가야 한다. 어쩌다 시간이 나면 내일을 위해 쉬어야 한다. 그러니 부부간에 섹스할 에너지와 마음의 여유가 없다.

또, 섹스는 점잖지 못한 행위라는 오래되고 견고한 사고방식도 섹스리스의 한 원인으로 작용한다. 인간의 성적 습성 중에서 다른 포유류와 다른 점 중 하나가 남의 눈을 피해 사랑을 나눈다는 점이다. 조선 시대 가옥을 보면, 대문을 들어서면 바깥주인이 거처하는 사랑채와 안주인이 거처하는 안채가 나뉘어 있다. 부부라도 각자 자신의 생활공간을 가지도록 구성한 것이다. 부부관계를 갖기 위해서는 모두가 잠든 밤에 남편이 사랑에서 안채로 조심조심 건너가야 한다. 마루로 연결된 구조에서는 삐걱거리는 소리가 무척이나 크게 들렸을 듯도 하다. 남녀를 구분하는 유교적인 문화가 섹스를 긍정적으로 바라보지 않게 했고, 이런 풍조는 나이가 들어갈수록 심해진다. 누가 뭐라고 하지 않는데도 50대나 60대의 성관계는 당황스럽고 예외적인 것으로 생각하는 강한 분위기가 섹스리스의 한 원인이다.

남편이 샤워하고 알몸으로 욕실에서 걸어 나온다. 알몸임에도 중요 부위를 가릴 생각도 하지 않고 태연하다. 젊은 시절의 매끈한 몸매는 아니더라도 아직은 봐줄 만하다. 하지만 슬프게도 자주 보아 익숙한 남편의 벌거벗은 몸은 성적 흥분을 일으키지 않는다. 그 익숙함은 편안함은 주지만 설렘을 주지는 않는다.

휴일 아침에 부스스한 얼굴로 일어난 아내는 휴일에는 그저 편안한 시간을 갖고 싶다. 간단히 세수하고 머리만 동여맨다. 20년 이상 살을 부대끼며 살아온 아내는 편안하지만 신비롭지는 않다. 아내와 남편의 모습을 속속들이 알게 되고 익숙해지면서 그만큼 성적 매력도 줄어든다. 오래 산 부부간의 서로에 대한 편안함과 익숙함이 커질수록 성적 매력은 감소해 버리는 것이다. 부부간의 성관계가 뜸해

뇌가 섹시한 중년

지는 또 하나의 원인이다.

늘 피곤해서이든, 배우자에게 매력을 느끼지 못해서이든, 중년의 섹스는 점잖지 못한 것이라는 케케묵은 사고방식이든, 그 원인이 무엇이든 섹스리스 부부가 많아지고 있다는 사실을 어떻게 이해해야 할까? 섹스가 없는 부부는 사랑과 애정이 식어버린 위기의 관계인가? 사랑이 없는 부부는 언제 무너질지 모르는 모래성 같은 위험한 사이인가? 쾌락을 위한 섹스를 찾는 사람들이 많아져 가정의 붕괴가 많아지는 것은 아닌가? 하지만 우리 사회에 섹스리스 부부가 많다는 조사 결과에서 중년 남성은 위기의식이 아니라 위안을 받고 있다는 사실은 아이러니다.

알랭 드 보통이 『인생학교: 섹스』(쌤앤파커스, 2013)에서 한 말은 그런 위안 중의 하나다. "평생에 걸쳐 만족스러운 성관계가 몇 번 안 된다는 점을 감안해 보면, 성관계를 무조건 자주 갖는 것을 정상으로 여기는 생각이 과연 옳을까? 섹스와 결혼이 평화롭게 공존할 수 있다면 당연히 가장 좋겠지만, 바란다고 다 그렇게 되는 것은 아니다." 그러면서 그는 스스로 무능이라는 오명을 털어버리라고 말한다. 사실 성관계를 자주 갖지 않는 원인을 자신의 무능에서 찾게 되면 그것이 다시 심리적 부담으로 작용하여 악순환이 이어지게 마련이다. 그래서 누구의 원망도 없이 금욕주의적 평온으로 돌아누우며, 오래된 사랑을 유지하기 위해 타협하라는 그의 말에 기꺼이 동의하고 싶어진다.

오래된 사랑을 위해 타협이 필요하다는 그의 말이 그야말로 큰 위로와 격려가 된다. '그래, 섹스리스가 사랑이 식었다는 것을 의미하는 건 아니잖아. 위기는 아니라잖아!', 속으로 쾌재를 부른다.

문제는, 오래된 사랑을 유지하기 위한 나의 타협을 한 침대를 같이 쓰는 나의 짝도 순순히 받아줄지가 아니겠는가. 그렇다고 직접 물어볼 수도 없다. 그렇게 타협을 시도 했다가는 자칫 뜻하지 않는 오해를 불러일으켜 큰 화를 자초하는 결과로 이어질 테니까.

그런 생각을 하며 오늘도 등을 돌리며 슬며시 돌아눕는다.

선악

내 안의 선과 악

오영제가 원한 것은?

정유정의 소설 『7년의 밤』(은행나무, 2011)을 읽었을 때, 영화로 나올 것 같다고 생각했었다. 생동감 있는 단어와 문장이 영화의 장면을 선명하게 그려내고 있었다. 예상했던 대로 2018년에 영화화되었다. 대한민국 대표 미남 배우 장동건이 새로운 캐릭터 연기를 시도한 영화라고 관심을 모았지만, 흥행은 그다지 좋지 못했다는 소식이다. 영화가 소설과 좀 다른 부분이 있기는 한데, 영화를 중심으로 스토리를 간략하게 소개하자면 이렇다.

최현수(류승룡)는 인적이 드문 세령 마을의 댐 관리팀장으로 부임을 앞두고 있다. 대출을 끼고 어렵게 마련한 아파트는 전세를 주고, 당분간 댐 관리를 하며 그곳 사택에서 지낼 생각이다. 가족이 지낼 사택을 보러 가는 날, 안개가 짙게 깔린 세령 마을 입구에서 길을 잃고 헤매던 중 갑자기 뛰어나온 여자아이를 치는 교통사고를 낸다. 음주 운전에 사고까지 냈으니, 너무 놀란 그는 아직 숨이 붙어 있는 아이를 호수에 유기한다.

아이의 실종으로 마을은 발칵 뒤집힌다. 곧 대대적인 수색 작업이 이루어지고 아이는 결국 싸늘한 주검으로 발견된다. 마을 대지주이자 아이의 아버지 오영제(장동건)는 딸의 죽음에 광기 어린 분노를 드러낸다. 그는 아이의 죽음이 사고 때문이 아니라 뭔가 다른 것이 있으리라 생각하고는 직접 범인을 찾기 위해 증거를 모으기 시작한다. 되돌릴 수 없는 선택, 7년 전 그날 밤, 모든 것이 시작된 것이다.

오영제가 자신의 딸을 죽인 범인을 찾아가는 과정이 극의 긴장감을 높이지만, 독자나 영화 관람자 입장에서는 범인을 이미 알고 있어서 그것이 영화를 끌고 가는 힘은 아니다. 오히려 최현수와 오영제, 두 주인공 간의 심리적, 물리적 거리가 좁혀졌다 멀어졌다 하는 장면에서 마음을 졸이게 된다.

그러다 보니 관객은 그들의 행동을 끌어내는 두려움과 공포, 사랑과 복수 등 감정의 변화에 주목하게 된다. 최현수는 정말 그럴 수밖에 없었을까? 오영제는 왜 7년의 세월을 복수에 집착했을까? 아이가 길가로 갑자기 튀어나와 피할 수 없는 사고이기는 했지만, 빨리 구조를 했으면 아이의 목숨을 살릴 수도 있는 상황이었는데도 최현수는 아직 숨이 붙어 있는 아이를 세령호에 던져버린다. 음주 운전 사고에 따른 처벌이 두려웠다고 해도, 자기 아들을 사랑하는 정도를 감안해 보면 그런 행동은 쉽사리 이해하기 힘들다.

인간의 선과 악은 어디에서 오는가?

　오영제의 행동은 또 어떤가? 자신의 아내와 아이에게 가학적인 행동을 하는 사람이 딸아이의 복수에 왜 그렇게 집착하는 걸까? 아이를 사랑하는 마음이 커서 복수에 집착했던 게 아니라, 오히려 자신의 소유물을 잃어버린 것에 대한 복수일까? 그렇다면 그는 아내와 딸을 한낱 소유물로만 보는 지극히 자기중심적인 사고의 소유자다.

어린 여자아이의 목숨을 쉽게 던져버리는 마음과 아들에게 보이는 사랑과 애정은 같은 사람에게서 나올 수 있는 것이란 말인가? 매질을 견디다 못해 도망치는 딸의 죽음에 그토록 분노하는 오영제의 이중성은 도대체 어디에 도사리고 있었던 걸까?

악의 평범성

우리는 악행을 저지르는 사람은 얼굴이 험상궂게 생겼거나, 어릴 때부터 나쁜 짓을 일삼아 왔거나, 사람들과 잘 어울리지 못하는 고립된 생활을 하는 사람일 거라 상상한다. 내 주변에 있는 보통 사람과는 뭔가 다르고, 원초적으로 악한 모습을 가졌다고 짐작하는 것이다. 나쁜 사람은 금방 알아볼 수 있다고 생각한다. 하지만 이는 사실이 아니다. 매일같이 뉴스에서 보도되는 사건 사고들, 그중에서도 세상 사람들을 경악하게 하고, 분노를 자아내게 하는 엄청난 범죄를 저지른 사람도 가만 보면 우리 이웃이다. 그런 이들의 주변인을 인터뷰한 내용에 한결같이 나오는 말이 '전혀 그럴 사람이 아니다'이다. 믿고 싶지 않지만, 악은 특별한 무언가에서가 아니라 그저 평범한 곳에서 나온다. 그런 악의 평범성을 일찌감치 간파한 이가 있다.

독일의 정치철학자 한나 아렌트(Hannah Arendt, 1906~1975)다. 악의 평범성(Banality of evil)은 아렌트의 1963년 저작 〈예루살렘의 아이히만>에 나오는 유명한 구절이다. 홀로코스트와 같은 역사 속 악행은 광신자나 반사회성 인격 장애자가 아니라 국가에 순응하며 자신의 행동을 보통이라고 여기는 평범한 사람에 의해 행해진다는 의미다.

1960년에 이스라엘의 첩보 기관 모사드가 나치 전범 아돌프 아이히만을 국제법을 어기면서까지 아르헨티나에서 체포한다. 예루살렘으로 압송된 아이히만은 기소되어, 1961년 4월 11일, 전 세계로 생중계되는 공개재판을 받았다. 한나 아렌트는 이 재판을 지켜보고 그것에 대한 보고서를 〈뉴요커〉에 게재하는데, 이것이 오늘날 명저로 평가받는 〈예루살렘의 아이히만(Eichmann in Jerusalem, 1963년)〉의 기

'악의 평범성'을 간파한 한나 아렌트(저자: Bernd Schwabe in Hannover)　　출처: 위키피디아

　　　　　　　　　　　　뇌가 섹시한 중년

초 자료이자 그의 철학의 중심 사상이다.

이 책이 충격적인 이유는 수많은 학살을 자행한 아이히만이 아주 사악하고 악마적인 인물일 거라는 생각과는 달리 매우 평범했다고 설명한 점이다. 아이히만은 개인적으로는 매우 친절하고 선량한 사람이었다고 한다. 그런 사람이 어떻게 엄청난 학살을 자행할 수 있는가에 대한 의문에서 출발해서, 그녀가 내린 결론은 바로 '악의 평범성'이다. 그가 말한 악의 평범성이란 '모든 사람이 당연하게 여기고 평범하게 행하는 일이 악이 될 수 있다.'라는 것이다.

악은 특별히 악마적인 어떤 것에서 기원하는 게 아니라는 아렌트의 주장은 큰 충격을 불러일으켰고, 이 책이 출간된 후 수많은 논쟁이 벌어졌다. 악은 선함과 반대되는 특별히 악한 근원으로부터 생긴다는 이전의 생각이 틀렸다고 말하고 있기 때문이다. 아이히만과 같은 거대한 악을 그저 평범한 어떤 것으로 치부하는 것은 악을 강력하게 단죄하려는 유대인에게는 도저히 받아들일 수 없는 주장이었다. 악이 평범하다는 것은 우리 중에 누구라도 악행을 저지를 수 있다는, 평범한 인간에 대한 불신과 불안을 조성하는 것이기도 했다. 하지만 아렌트가 주장하고 싶었던 것은 인간이 기계적으로 행하는 일에 대해 비판적으로 사고하지 않으면 그것 자체가 바로 악이라는 의미였다.

우리는 그저 나약하고 악한 존재인가

여러분이 텔레비전의 어느 프로그램에 출연한다고 가정해 보라. 그 프로그램은 학교 상황극으로 역할은 학생과 교사로 나뉜다. 일부는 학생 역할을 하고, 일부는 교사 역할을 맡는다. 학생이 교사가 낸 문제에 답을 제대로 하지 못하거나 틀린 답을 말하면 벌을 받게 된다. 벌은 전기의자에 앉아 전기 자극을 받는 것이다. 전기 자극은 15볼트에서 시작하여 450볼트까지 올릴 수 있다. 여러분이 교사 역할을 맡았다고 가정할 때, 감독의 지시가 있으면 전기 자극을 어느 선까지 올릴 수 있다고 생각하는가? 우리가 쓰는 전기가 220볼트이고, 300볼트이면 인체에 치명적이다.

실제로 이런 실험이 이루어진 적이 있다. 유명한 밀그램 실험(Milgram Experiment)이다. 1961년 예일 대학교의 심리학과 조교수 스탠리 밀그램(Stanley Milgram)이 실시한 권위에 대한 복종 실험이다. 밀그램은 '징벌에 의한 학습 효과'를 측정하는 실험에 참여할 사람들을 모집하고 피실험자를 선생과 학생으로 나누었다. 실험에 참여하는 대가는 4달러였다. 그리고 선생 역할과 학생 역할의 피실험자를 각각 1명씩 그룹을 지어 실험을 했다. 학생 역할의 피실험자를 의자에 묶고 양쪽에 전기 충격 장치를 연결했다. 그리고 선생이 학생에게 문제를 내고 학생이 틀리면 선생이 학생에게 전기 충격을 가할 수 있도록 했다. 그러나 사실 학생 역할의 피실험자는 배우였으며, 전기 충격 장치도 가짜였다.

실험의 결과는 놀라웠다. 65%의 피실험자가 450볼트까지 전압을 올렸다. 기계에는 300볼트 이상은 위험하다는 표시가 되어 있었고, 학생 역할의 배우는 전기 충격을 받으면 고통스럽게 비명을 질렀다. 150볼트가 넘어가면 가슴이 아프다며 그만둘 것을 간청하고, 전압이 너무 높아지면 죽은 듯이 전기 충격에 반응을 보이지 않는 연기까지 했다. 이들은 자신이 죽일 수도 있는 것처럼 보이는 사람에게도 단지 지시에 따라 계속 전기 충격을 가했다. 대부분의 사람은 불편해하거나 실험 목적이 무엇인지 의심하기는 했으나 밀그램이 모든 책임을 지겠다고 말하거나 말로 다그치자 시키는 대로 계속했다. 나머지 35%의 피실험자 중에서도 실험을 중단할 것을 요구하거나 위험에 처한 학생을 구하려는 사람은 없었다고 한다. 어떻게 그럴 수있을까 싶지만, 실험 결과는 그렇다고 말한다.

본래 이 실험의 의도는 인간의 도덕성을 확인하는 것으로 아무리 명령이 있는 상황이라도 사람은 자신의 도덕성에 따라 행동하리라는 것이었다. 실험 설계자가 책임을 진다고 강압적으로 지시하더라도 자신의 도덕적 양심과 판단에 따라 합리적으로 행동할 것이라고 예상했다. 하지만 결과는 예상과 너무나 달랐다. 책임을 전가할 수있는 상황, 즉 본인이 모든 책임을 지지 않아도 되는 조건이라면 아무리 이성적인 사람이라도 윤리적, 도덕적인 규칙을 무시하고 명령에 따라 잔혹한 행위를 저지를 수 있다는 결과를 보여준 것이다.

이 실험은 실험에 참여한 사람이 후에 트라우마를 겪는 등 실험

윤리가 도마 위에 오르고, 실험자가 대학에서 해고되는 등 후폭풍이 컸다. 또한 인간이 어떤 상황에 놓일 경우 얼마나 나약한 존재가 되는지, 얼마나 악해질 수 있는 존재인지에 대한 커다란 고민을 우리에게 던졌다.

내가 책임지지 않아도 된다면, 누구나 그럴 수 있을까? 실험이라고 했으니, 설마 사람이 진짜로 죽기라도 하는 건 아니겠지 하면서 괴롭힘을 즐기지는 않았을까? 그 역을 생각하면 더 오싹하다.

선과 악은 내 안에 공존한다

표도르 미하일로비치 도스토옙스키의 소설 『죄와 벌』의 주인공 로지온 로마노비치 라스꼴리니꼬프는 원래 착한 대학생이다. 자기 생활도 빠듯한데도 폐결핵에 걸린 친구를 도와주기도 하고, 그 친구 아버지 장례비용도 대신 처리줄 정도로 착한 캐릭터다. 그런 그가 어지간한 악인도 하기 힘든 악행을 저지른다. 전당포 노파 알료나 이바노브나를 도끼로 죽이고 돈을 훔치고, 그 현장에 갑자기 나타난 노파의 배다른 여동생 리자베따도 죽인다. 그런데 살인한 후에 하는 행동은 또 다른 모습이다. 술집에서 우연히 만난 퇴역 관리 마르멜라도프가 마차에 치여 죽자 그의 아내에게 장례비용을 대준다. 그 돈은 어머니가 빚을 내어 보내 준 학자금인데도 말이다. 그는 전당포 주인을 살해하면서까지 돈을 훔치고, 어렵게 마련한 학자금으로 남을 돕기도 한다. 그의 이중성을 어떻게 이해해야 할까?

라스꼴리니꼬프는 살인을 한 후에도 착한 행동을 한 것을 두고 그는 원래 악인이 아니었기 때문이라고 말할 수 있는가? 『7년의 밤』의 오영제는 원래부터 악인으로 태어난 것일까? 아내와 딸을 학대하고, 최현수가 감옥에 갇혀있는 동안 그의 아들을 7년 동안 따라다니며 괴롭히며 무엇을 바란 것일까? 아들을 끔찍이 사랑하는 최현수는 어떻게 아직 목숨이 붙어있는 어린아이를 물속에 던져 버릴 수 있었던 걸까? 밀그램 실험에서 고통스러워하는 사람을 보면서도 괜찮다는 말을 곧이듣고 전압을 계속 올린 그들은 원래 악인인가? 예루살렘의 재판정에 서서 태연히 자신의 잘못을 부정하는 아이히만의 그 '무지한 악'은 도대체 어디서 온 것일까?

그렇다. 악은 깊고 깊은 어둠 그 어딘가에 따로 존재하는 것이 아니다. 바로 우리 안에 선과 함께 존재한다. 언제, 어떻게 선과 악이 나의 존재를 뚫고 나와서 또 다른 모습으로 떡하니 자리 잡을지 모를 일이다. 일이 벌어지고 난 후, 후회는 늦다. 그러니 선과 악이 내 안에 공존한다는 엄연한 사실을 인정하고 받아들이자. 그것을 인정할 때에라야 비로소 내 안의 선과 악의 다툼을 통제할 수 있다. 나의 실존을 내가 판단하고 바로 세울 수 있다.

하지만 중년이 된 지금에도 여전히 쉽지 않은 일이다.

(Paris)

다시, 파리에 가자

파리(Paris)에 대한 로망

〈라 붐(1980)〉, 〈그랑블루(1988)〉, 〈니키타(1990)〉, 〈퐁네프의 연인들(1991)〉, 〈레옹(1994)〉, 이 영화들은 프랑스 영화다. 1980년에 개봉된 영화 〈라 붐〉은 15살이었던 소피 마르소가 주연을 맡았는데, 인기가 대단했었다. 우리나라의 경우는 TV와 비디오 판권만 있어서 스크린 개봉은 2013년에야 이루어졌음에도, 주제곡인 리처드 샌더슨(Richard Sanderson)의 리얼리티(Reality)와 주인공 소피 마르소의 매력에 모두가 푹 빠졌었다. 학교 앞 문구점에는 그녀의 얼굴 책받침과 전신 브로마이드가 수북이 쌓여 있었고, 방의 벽면을 온통 소피 마르소의 사진으로 도배해 놓은 녀석도 종종 있었다. 프랑스 영화는 할리우드 영화보다 자극적인 재미가 덜하고 이해하기 어렵게 느껴지는데도 그녀 덕분에 〈라 붐〉은 한국에서 큰 흥행이었다.

프랑스 영화의 매력은 배경, 음악, 배우들의 연기, 그리고 영화를 보고 난 뒤의 긴 여운이 아닐까 싶다. 〈니키타〉나 〈레옹〉처럼 프랑스 영화 특유의 감성과 강렬한 할리우드식 액션의 재미를 함께 선사하는 영화도 종종 있기는 하다.

또 다른 프랑스 영화 〈퐁네프의 여인들(The Lovers On the Bridge)〉은 파리 센 강의 아홉 번째 다리, '퐁네프 다리'가 주 무대이다. 시력을 잃어가며 그림을 그리는 여자 '미셸(줄리엣 비노쉬 Juliette Binoche)'과 퐁네프 다리에서 처음 만난 그녀를 삶의 전부로 생각하는 '알렉스(드니 라방 Denis Lavant)'의 사랑을 그린 영화다. 이쁜 여자와 잘 생긴 남자의 아름다운 사랑이 아니라, 인생의 끄트머리에 선 위기의 남녀가 불꽃같은 사랑을 한다. 이 영화를 본 사람 중에는 언젠가 파리에 가서 저 다리 위에 서 보리라 생각했던 이가 많았을 테다. '파리'는 그렇게 미셸과 알렉스의 처절한 사랑처럼 '프랑스혁명' 보다는 에디트 피아프의 노래와 에밀 졸라의 소설로, '나폴레옹' 보다는 고흐와 폴 세잔의 그림으로 먼저 다가온다. 낭만과 사랑, 문학과 예술이 숨 쉬는 도시라는 가슴 두근거림이 에펠탑, 몽마르트르 언덕, 루브르 박물관, 로테르담 성당, 센 강으로 이어지는 파리는 우리 젊은 날의 희망과 설렘의 한 장면이 된다.

'파리'를 상징하는 것이 하나둘이 아니라 어느 것 하나를 꼭 집어 말하기가 쉽지 않지만, 그중에서도 가장 먼저 떠오르는 것이 에펠탑과 루브르 박물관(Musée du Louvre)이다. 파리에는 두 번 갔었는데, 2007년에 갔을 때는 2001년에 보지 못했던 에펠탑의 조명 쇼를 볼 수 있었다. 파리의 야경이 낮보다 더 멋있다고 듣기는 했지만, 마르

파리의 상징, 에펠탑

스 광장에서 바라본 반짝이는 에펠탑은 또 다른 매력이었다. 에펠탑
이 있는 파리를 찾는 관광객이 한 해에 수백만 명에 이른다고 한다.
파리를 찾는 사람이 모두 에펠탑을 보기 위해 가는 것은 아니지만,
에펠탑에서 쏘는 전파가 사람을 불러들이는 것은 분명하다.

　에펠탑은 1887년 시작해 1889년 완공되었다. 마르스 광장에 지어
진 이 철제 탑은 파리에서 가장 높은(324m) 건축물이다. 1889년 프랑

스혁명 100주년 기념 세계 박람회인 만국 박람회의 출입 관문으로 건축되었는데, 이름은 탑을 디자인한 프랑스 공학자이자 건축가인 구스타브 에펠의 이름에서 유래했다. 지금은 파리의 랜드마크로 프랑스인뿐만 아니라 세계인의 사랑을 받는 건축물이지만, 처음부터 사랑을 받은 건 아니었다. 탑이 처음 세워졌을 때는 많은 이들로부터 주변 환경과 어울리지 않고 눈에 거슬린다는 혹평을 받았다. 모파상 등 유명 인사들도 '철판으로 엮은 역겨운 기둥'이라는 모멸적인 평가를 하며 공개적으로 불편한 심기를 드러내기도 했다.

파리를 상징하는 또 다른 건축물은 루브르 박물관이다. 이 박물관에 전시된 세계 여러 나라의 문화재도 대단한 것이지만, 특히 관광객의 시선을 잡아끄는 것이 루브르 피라미드다. 박물관 바깥에서도, 안에서도 볼 수 있도록 설계되어 있다. 박물관 앞 나폴레옹 3세 뜰에 설치된 유리와 철재로 만들어진 피라미드 구조물인 이것 또한 건축 당시에는 논란이 많았다.

1981년 미테랑 대통령은 루브르궁 전체 건물을 박물관으로 사용하기 위한 '대 루브르 박물관 계획(Grand Louvre)'을 발표한다. 이 계획에 응모한 수많은 건축 설계안 중에 중국계 미국 건축가인 아이오 밍 페이(Ieoh Ming Pei)의 안이 최종 채택된다. 이 설계안은 루브르궁 뜰에 유리로 된 피라미드를 설치하는 것이었다. 중세 건물인 루브르궁과 현대식의 유리 건축물이 과연 어울릴 수 있을까? 다소 생뚱맞은 조합에 대한 당시 많은 사람의 우려는 어쩌면 당연한 것이었는지

뇌가 섹시한 중년

모른다.

많은 프랑스인들의 반대에도 불구하고 1983년 공사는 계획대로 착공되고, 여러 곳으로 흩어져 있던 출입구가 이 유리 피라미드 아래로 통일된다. 완공 후에는 평가가 완전히 달라져 박물관에 소장되어 있는 유명 수집품만큼이나 걸작으로 인정받게 된다. 기존의 석조 건축물과 투명 유리와 철재로 만든 현대적인 피라미드는 강렬한 대조 속에서 아름다운 조화를 이루어내고 있다는 찬사를 받고 있다. 건축 재료의 그것뿐만 아니라 중세와 현대, 고풍스러움과 세련미, 과거와 현재를 아우르며 수백 년의 시간을 자연스럽게 담아내고 있다.

에펠탑과 루브르 피라미드 모두 지금은 찬사를 받고 있지만, 당시에는 반대와 비난의 중심에 있었다. 엄청난 예산과 노력이 박수는커녕 역사의 오점으로 남게 될 수도 있는 일이었다. 반대하는 다수의 의견을 받아들이는 것이 쉽고 편안한 길이었을 것이다. 그런데도 그들은 그런 선택을 하지 않았다. 아무도 가지 않은 길로 갔다. 프로스트(Robert Frost, 1874~1963)의 시처럼 사람들은 두 갈래 길에서 사람이 덜 밟은 길을 택했고, 그것이 프랑스의 운명을 바꿔 놓았다. 미래를 내다보고 두 계획을 밀어붙인 사람들, 생뚱맞은 철골 구조물과 낯선 유리 건축물의 설계안을 지지한 사람들, 그리고 혼신을 힘을 다해 지금이 아니라 미래를 그려낸 사람들이 결국 현재의 파리를 만들었다.

인상파 화가들의 고군분투

　익숙하지 않은 것에 대한 비난과 조롱을 견뎌낸 파리의 또 다른 모습이 있다. 인상파라 불리는 화가들이다. 1990년 뉴욕 소더비 경매에서 미술 사상 최고가를 기록한 그림이 인상파 화가 고흐의 '가세 박사의 초상'이다. 무려 8,250만 불, 한화로 900억 원이나 된다. 마네(Edouard Manet), 모네(Claude Monet), 드가(Edgar Degas), 르누아르(Pierre Auguste Renoir) 등 인상주의 화가의 그림값은 천정부지로 치솟았다. 지금은 어마어마한 돈이 아니면 개인이 소유한다는 것은 꿈도 못 꿀 일이지만, 150여 년 전의 상황은 그렇지 못했다(다행스럽게도 파리의 오르세미술관에 가면, 방대한 인상주의 작품을 만날 수 있다. 이곳에는 2011년부터 인상파 화가 마네, 드가, 모네, 세잔, 르누아르, 시슬레의 작품을 보다 일관성 있

방콕에서 열린 인상파 디지털 작품 전시회

고 전문적으로 선보이고 있다). 당시 그들의 그림은 '아직 완성되지 못한 그림', '순간적으로 포착해 대충 그린 스케치', '캔버스 위에 물감을 대강 발라놓은 그림' 등의 평가와 조롱을 받았다. 당연히 그림값도 형편없었다.

인상주의의 시작은 이러했다. 1873년에 전통 있는 파리의 미술전인 살롱(The Salon)에서 특정 화풍의 그림이 대거 낙선되는 사건이 있었다. 살롱전에서 낙선한 화가들이 이에 반발하여 다음 해인 1874년에 낙선전을 열었는데, 여기에 모네는 '인상: 해돋이(Impression, Sunrise)'를 출품했다. 이 전시를 본 비평가 루이 르로이(Louis Leroy)가 신문에 인상주의자들의 전시회(The Exhibition of the Impressionists)라는 제목의 기사를 썼다. 루이는 그 기사에서 모네의 그림이 단순한 스케치 작업이며 완성 작품으로 보기 어렵다고 비판했다. 특히 이 전시의 작품들이 자연의 '본질'은 그리지 못하고 피상적인 '인상'만을 그렸다고 조롱했다. 여기서 '인상주의'라는 말이 유래하게 된다.

루이 르로이가 지적한 것처럼, 인상주의 또는 인상파는 전통적인 회화 기법을 거부하고 색채·색조·질감 자체에 관심을 두었다. 이들은 빛과 함께 시시각각으로 움직이는 색채의 변화 속에서 자연을 묘사하고, 색채나 색조의 순간적 효과를 이용하여 눈에 보이는 세계를 객관적으로 기록하려 했다. 사진처럼 대상을 있는 그대로 묘사하는 것이 아니라, 인상 깊었던 한순간의 장면을 화폭에 옮기고자 한 것이다. 사실적인 묘사와 완벽한 구도를 중요시했던 신고전주의의 작품과 달리 순간적이고, 날렵하면서도 모호한 붓질이 중요한 포인트가 된다. 빛과 색채의 관계를 중요하게 생각하여 그것을 그림으로 표현했던 인상주의 화가들은 캔버스를 들고 밖으로 나가 풍경을 화폭에 담기 시작했다. 그러고 보면 당시의 비평이 모두 인상주의 화가들이 추구하는 핵심을 정확하게 설명한 것이다.

당시 인상파 전시회를 본 한 유머 주간지에는 전시에 참가한 작가들이 스스로 전위파니 인상주의자니 하면서 떠들고 있음을 비아냥거리고, 그들의 작품도 캔버스 위에 물감을 대강 붓질해서 발라놓은 것이라고 폄하하는 내용이 실리기도 했다고 곰브리치의 『서양미술사』에 기록되어 있다.

당시의 인상주의 화가들과 그들이 그린 그림에 대한 대중의 생각이 어떠했는지 능히 짐작할 수 있다. 그들은 대중의 조롱과 비난을 꿋꿋이 견뎌 냈다. 기존의 화풍에서 벗어나 그들이 생각한 세상을 그려냈다. 그것은 단지 그림이 아니라 변화 그 자체였다. 고정된 대상에서 벗어나 시시각각 변화하는 빛과 움직임에 따라 붓과 마음을 움직였다. 그들이 살아있는 동안에는 좋은 평가를 받지 못했지만, 그들의 이름과 그들이 남긴 작품은 수백 년의 시간을 넘어 우리에게로 왔고, 또 다음 세대로 영원히 이어질 것이다.

뇌가 섹시한 중년

다시, 파리에 가자

　공고하기만 한 기존의 관념과 체제를 거부하고 새로운 것을 시도하기는 쉽지 않은 일이다. 그러한 시도가 시간이 지나면 다른 평가를 받을 수 있을 것이라 예상하는 것은 더욱 어려운 일이다. 새로움에 대한 시도와 도전, 그리고 그것을 이어가기 위해서는 대단한 용기가 필요하다. 마침내 승리하리라는 막연하고도 불확실한 '확신'을 갖는 것은 긴 고통의 시간을 인내해야만 하는 일이다.

　에펠탑, 루브르 피라미드, 인상파 화가들, 그리고 파리를 상징하는 무모한 모험, 대다수 사람의 비난과 조롱을 견뎌낸 도전, 그 속에는

파리의 오벨리스크

우리가 기억해야 할 숱한 사람들의 용기와 고통, 인내의 시간이 숨 쉬고 있다.

샹젤리제 거리의 화려한 불빛, 개선문의 웅장함, 파리지앵의 일상과 삶을 동경하고 사랑했던 젊은 날의 설렘을 빛바랜 그것으로 제쳐둘 필요까지는 없겠다. 그 시절이 우리 중년의 가슴 어디엔가 새겨져 있음은 그것 나름대로 의미가 있다. 지금 우리는, 그 화려함 뒤에 숨 쉬고 있는 또 다른 것이 있다는 것을 안다. 그것을 볼 줄도 알게 되었다.

그러니 다시 파리에 가자. 인상파 화가들이 시시각각 변하는 빛의 세계를 화폭에 담아내듯, 우리도 시대와 세상의 변화, 그곳을 찾는 사람들의 다양한 모습을 가슴에 담아오자. 변화는 변화로만 그치는 것이 아니라 그 속에 담긴 사람의 이야기와 사랑과 진실은 언제나 그 자리에 남는다. 무엇을 남기느냐는 결국 시간이 말해주는 것이라는 진리를 깨닫는 것만으로도 족하다.

파리는 우리에게 그렇다고 말할 것이다.

뇌가 섹시한 중년

유전자

유전자에 새겨진 역사

앤젤리나 졸리의 '아주 특별한' 선택

앤젤리나 졸리(Angelina Jolie, 1975~)는 2015년 뉴욕타임스 오피니언 란에 기고문(수술 일기, Dairy of a Surgery)을 게재했다. 자신이 나팔관과 난소 절제 수술을 받았고, 2년 전(2013년)에는 유방절제 수술과 재건 수술을 받았다는 내용이었다. 그녀가 유방 절제술을 받은 것은 그녀의 나이 불과 38세 때이다. 여섯 명의 자녀를 둔 엄마이자 섹시하고 건강한 여성미의 상징이며 세계적인 스타인 여배우가 자신의 생명이나 다름없는 가슴을 제거했다는 소식은 충격적이었다. 게다가 난소와 나팔관도 절제했다는 기고문의 내용은 그녀를 아는 모든 이의 고개를 갸우뚱하게 만들었다.

그녀가 그런 선택을 할 수밖에 없었던 이유를 알고 나면 전부는 아니더라도 어느 정도 이해를 할 수 있다. 그녀는 병원에서 실시한 간단한 혈액 검사로 BRCA 1(Breast Cancer 1) 유전자에 돌연변이를 가

뇌가 섹시한 중년

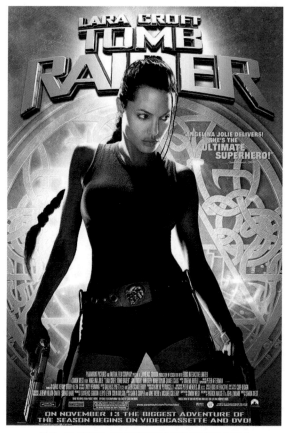

영화 <툼 레이더>(2001)에서 열연한 앤젤리나 졸리

지고 있음을 알게 되었다. 그 돌연변이 유전자는 암을 일으키는 원
인이 되는데, 유방암 위험은 87%, 난소암 위험은 50%로 나타났다.
유방암과 난소암에 걸릴 확률이 굉장히 높다는 것이다. 그녀의 어머
니도 난소암으로 10년 가까이 투병을 하다 56세의 이른 나이에 숨
졌고, 외할머니와 이모도 유방암과 난소암으로 목숨을 잃었다고 한

다. 그녀도 그 유전자를 물려받은 것이다. 그대로 둔다고 해도 암에 걸리지 않을 수도 있지만, 그녀는 과감한 선택을 했다.

유전자 변이에 의한 유방암 환자는 전체 유방암 환자의 5~10% 수준으로, BRCA 유전자 돌연변이가 주된 원인이라고 한다. BRCA 유전자를 보유한 사람은 일반인보다 유방암에 걸릴 확률이 5~8배, 난소암에 걸릴 확률은 20~25배 높은 것으로 알려져 있다. 앤젤리나졸리가 수술을 선택할 수밖에 없는 이유다.

물론 BRCA 유전자를 갖고 있다고 해서 모두 암에 걸리는 것은 아니다. 그녀의 선택이 다른 여성들에게 과도한 의료 행위를 부추기는 결과로 이어질 수 있다는 우려가 있는 것도 그 때문이다. 또한 여성성의 상실로 심리적 상처와 함께 호르몬 계통에 부정적인 영향을 받을 수도 있다. 그녀도 기고문에서 이렇게 밝히고 있다.

"다만 BRCA 1 유전자를 갖고 있다는 사실 때문에 수술을 결정한 것은 아니다. BRCA 검사에서 양성이 나왔다고 바로 수술을 해야 한다는 의미는 아니다. 나는 많은 의사, 자연요법 전문가와 의논했고, 다른 옵션도 많았다. 어떤 여성은 피임약을 정기적으로 먹어서 방지하고, 또 대체 약물로 호전되는 경우도 있다. 어떤 건강 문제든 꼭 한가지 특정한 옵션만 있는 건 아니라는 이야기다. 가장 중요한 것은, 당신 개인에게 가장 맞는 방법을 선택하라는 것이다(〈The New York Times〉, 2015. 3. 24.)"

뇌가 섹시한 중년

어쨌든 암에 대한 두려움도 컸겠지만, 그녀가 여성성의 상징인 가슴과 난소를 제거하는 수술을 선택한 것은 그 두려움만큼이나 큰 용기가 필요한 일이다.

유전자에 대한 높아진 관심

유전자 검사는 친자를 확인하거나 범죄 수사에 주로 활용되어 왔으나, 최근에는 유전자의 돌연변이에 의한 유전 질환을 사전에 알아내는 데 많이 활용되고 있다. 실제로 앤젤리나 졸리의 영향으로 여성의 유방암 유전자 검사가 많이 늘어났다고 한다. 한국일보 기사 (한국일보, 2016. 10. 31.)에 의하면, 한국유방암학회는 앤젤리나 졸리의

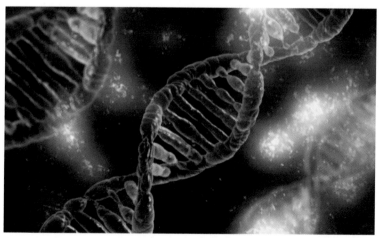

DNA   출처: pixabay

예방적 수술이 알려진 2013년을 기점으로, 2012년과 2015년 사이 BRCA 검사가 3배 이상 증가했다고 소개했다.

유전자 검사가 늘어난 것은 비용이 크게 낮아진 것도 한 요인으로 작용했다. 2011년 애플의 최고경영자였던 스티브 잡스(Steve Jobs, 1955 ~2011)는 췌장암 치료를 위한 풀 시퀀싱(Full Sequencing, 인간의 유전자를 구성하는 30억 쌍의 염기서열을 전부 분석하는 것) 유전자 분석을 위해 약 10만 달러를 지불했다. 하지만 유전자 분석 기술의 비약적인 발전으로 비용은 100분의 1 수준인 1,000달러 선으로 낮아졌고, 검사에 드는 기간도 단 며칠로 단축되었다. 큰 비용을 부담할 수 있는 부자만이 아니라, 지금은 원하는 사람, 필요한 사람은 누구나 유전자 검사를 받을 수 있게 되었다는 의미다.

유전자 분석은 단지 사람의 질병을 사전에 예측하고 진단하는 것에 그치지 않는다. 각종 신약이나 새로운 치료법을 개발하는 데도 큰 도움이 된다. 특정 질병을 일으키는 유전자를 찾아내고, 그 유전자가 돌연변이를 일으키지 않도록 예방하거나, 돌연변이 유전자의 발현을 억제하는 방법을 찾는 것이다. 특히 환자 개개인의 특성에 맞는 치료법을 적용하는 맞춤형 의료 수준이 발전하기 위해서는 유전자 분석 기술이 필수적이다.

유전자가 무엇이기에 그 실체를 파악하는 일이 그토록 중요할까? 유전자(gene)는 유전의 기본단위이다. 지구상의 모든 생물은 유전자를 지니고 있다. 유전자는 생물의 세포를 구성하고 유지하며, 세포가 유기적인 관계를 이루는 데 필요한 정보가 담겨 있으며, 생식을 통해 자손에게 유전된다(위키백과 인용). 모든 생물은 유전자에 따라 다양한 유전형질을 갖고 태어난다. 눈 색깔, 혈액형과 같은 것을 비롯하여 특정한 유전적 질환-혈우병, 낭포성 섬유증, 겸형 적혈구 빈혈증, 헌팅턴 증후군-과 같은 것도 유전된다. 유전자에 돌연변이가 발생해 기존의 형질과 다르게 질병을 일으키는 새로운 유전형질을 갖고 태어나는 경우다. 그뿐만 아니라 생명 활동에 관여하는 수천 가지의 생화학 작용도 유전자를 기반으로 한다. 이처럼 사람마다 제각기 다른 특징을 갖고 있는데, 이런 정보를 기억하고 있는 세포 단위가 바로 유전자다.

인간의 손에 쥐어진 진화

유전자의 존재는 유전학의 창시자인 그레고어 멘델(Gregor Johann Mendel, 1822~1884)의 연구에서 알려졌지만, 이를 본격적으로 인간의 건강, 생명과 관련해서 활용되기 시작한 것은 그리 오래된 일이 아니다. 1990년에 생명체의 유전자 구조를 분석하는 게놈 프로젝트가 시작되면서 인간 유전자의 특징과 구조를 본격적으로 이해하고 활용할 수 있게 되었다.

인간 게놈 프로젝트(HGP, Human Genome Project)는 인간이 가지고

있는 유전체의 모든 염기서열을 해석하기 위한 연구로 2003년에 완료되었다. 미국 국립보건원(NIH)을 중심으로 프랑스, 영국, 일본 등 6개국 18개 기관이 참여하였고, 생물학 기술이 비약적으로 발전하면서 15년 계획이 13년 만에 완료되었다(투입된 예산은 자그마치 38억 달러다). 인간 유전자 수는 당초 약 10만여 개 정도로 예상했지만, 2만 6천 개~4만 개 이하인 것으로 밝혀졌다. 이는 초파리 유전자의 약 2배에 불과한 것이다. 아울러 인간 유전체의 95% 이상은 기능을 알 수 없는 DNA 조각이고, 실제 기능을 가진 유전자는 1.1% 정도라고 한다. 개개인의 DNA 차이는 전체의 2%에 지나지 않으며, 인종 간 차이 역시 근거가 없다는 사실도 확인되었다. 1953년 제임스 왓슨(James Watson)과 프랜시스 크릭(Francis Crick)이 DNA 이중나선 구조를 밝히면서 출발한 분자생물학은 반세기 만에 인간 게놈 프로젝트를 완성하는 놀라운 성과를 이루었다.

유전자 분석에 대한 지식이 쌓이고, 활용 기술이 발전하면서 이제는 유전자를 직접 편집하는 단계에까지 이르렀다. 이런 기술을 유전자 가위라고 한다. 유전자 가위는 동식물 유전자에 결합해 특정 DNA 부위를 자르는 데 사용하는 인공 효소로 유전자의 잘못된 부분을 제거해 문제를 해결하는 유전자 편집 기술을 말한다. 손상되거나 변이가 일어난 DNA를 잘라내고, 정상 DNA로 대체하는 것이다. 최근 3세대 유전자 가위인 크리스퍼(CRISPR)가 개발되어 주목을 받고 있다. 크리스퍼 유전자 가위 기술은 유전자 편집의 대상이 되

뇌가 섹시한 중년

는 크리스퍼가 표적 유전자를 찾아가 CAS-9라는 효소를 이용하여 잘라내는 방식으로 작동한다. 크리스퍼는 모기부터 사람까지 거의 모든 동물과 식물의 유전체에 적용할 수 있고, 유전체의 정보를 우리가 원하는 대로 바꿀 수 있다. 이 기술을 이용하면 유전자의 돌연변이로 인해 유전적 질환을 갖고 태어나는 환자를 치료하거나, 태어나기 전에 치료할 수 있다. 2017년 국내 연구팀이 인간배아에서 비후성 심근증의 원인이 되는 돌연변이 유전자를 크리스퍼 유전자 가위로 교정하는 데 성공했다.

이러한 성공에도 불구하고 반대 의견도 만만치 않다. 유전자 가위가 손상될 경우, 변형된 유전자를 정확하게 제거하지 못할 수도 있고, 의도하지 않은 부분을 자를 수 있는 등 여러 가지 위험이 상존하기 때문이다. 인간 유전자에 의도하지 않은 변화를 주게 되면, 그 결과는 치명적일 수밖에 없다. 크리스퍼 기술을 알아낸 제니퍼 다우드나(Jennifer Daoudna, 1964~) 교수도 새뮤얼 스턴버그(Samuel Sternberg)와 공동 집필한 『크리스퍼가 온다』(프시케의숲, 2018)에서 크리스퍼가 가져올 희망적인 미래와 함께 두려운 미래에 대해서도 심각하게 고민해야 한다고 강조하는 것은 그 때문이다.

유전자 편집 기술의 현실을 보면 그녀의 희망과 우려에 공감하지 않을 수 없다. 과학자들은 이미 크리스퍼 기술로 90kg의 거대한 돼지를 13kg의 마이크로 돼지로 만들어 내는 실험에 성공했다. 몇 달 동안 창고에 보관해도 썩지 않은 토마토, 기후 변화에도 끄떡없는 식물, 말라리아를 옮기지 않는 모기, 무시무시한 근육질의 개, 뿔이 나지 않는 소는 이미 존재한다. 이런 기술이 상용화되면 진화는 자연선택에 의해서가 아니라, 인간의 손에 의해 인간의 의도대로 이루어질 수 있다. 오랜 세월 자연과 인간의 끊임없는 상호작용과 적응을 통한 점진적인 진화가 급작스럽고 거대한 변화로 바뀌게 된다. 그래서 유전자 편집 기술은 반가우면서도 한편으로는 두려운 기술이다.

유전자에 새겨진 고유한 역사

개인의 특성이 유전으로 결정되는 것인지, 환경 때문인지에 대한 논란은 진화생물학의 오래된 논쟁거리다. 최근에는 인간의 특성에 영향을 주는 요소로 유전이나 환경 중 어느 한 요소를 절대적으로 보기보다는 이 둘 간의 상호작용으로 이해하는 경우가 많다. 하지만 앞으로는 이런 논란 자체가 무의미한 것이 될지 모른다. 유전자를 인간의 의도대로 편집할 수 있는 시대에는 말이다.

유전자 편집 기술이 단지, 인간의 질병 치료에만 국한되지는 않으리라는 것을 우리는 모두 예상할 수 있다. 유전자 편집이 쉬워지면 크고 쌍꺼풀이 있는 눈, 오뚝한 코, 큰 키, 단단한 근육, 풍성한 머리숱 등 외모에 대한 유전적 선택이 많아질 것이다. 그뿐만 아니라 탁월한 기억력과 높은 IQ, 창의적인 사고력 등 명석한 두뇌에 대한 선호도 높아질 것이 분명하다. 게다가 인간 배아 단계에서 유전자를 편집하면 원하는 특성을 가진 아이를 가질 수 있게 된다. 그렇게 된다면 위험을 무릅쓰고라도 유전자 편집을 원하는 부모가 생길 것이다. 태어난 아이가 튼튼하고 똑똑하게 자라도록 돕는 수년 동안의 수고로움을 단숨에 해결할 방법이 있다면 이런 유혹을 뿌리치기는 힘들지 않겠는가.

이런 현실에서는 유전자 편집에 드는 비용을 감당할 수 있느냐 하는 경제력의 차이가 유전자 격차로 이어질 가능성을 배제할 수 없다. 경제력이 있으면, 건강하고 잘 생기고 똑똑해질 수도 있고, 그런 유전자를 후손에게 물려줄 수 있게 된다. 그 반대의 경우는 생존경쟁에서 밀려 도태될 수밖에 없다. 돈이 없으면 자신의 유전자를 후대에 물려줄 수 없다니, 리처드 도킨스가 말한 '이기적 유전자'를 '경제적 유전자'로 변경해야 할 판이다.

우리는 흔히, 잘 된 것은 자신의 노력 덕분이고 잘못된 것은 조상 탓이라고 한다. '조상 탓'이라는 것이 바로 유전자의 영향을 말하는 것이다. 키가 작은 것, 코가 오뚝하지 않은 것, 머리카락이 잘 빠지는 것 등 외향적인 것뿐만 아니라 성질이 급하거나 소심한 것 등 심리적인 특성도 부모 탓을 한다. 과학적으로 옳을 수도 있다. 하지만 한 배에서 나온 형제자매도 때론 같으면서도 다르다. 인간은 유전자뿐만 아니라 환경의 영향을 받기 때문이다. 그 환경이라는 것도 그냥 주어진 환경이 아니라, 각자의 노력과 의지에 따라서도 달라지는 것이다. 그러니 부모 탓만 하는 것은 잘못된 일이다.

세월이 흘러 부모가 되면 자신의 유전자 중에서 자식에게는 물려주고 싶지 않은 것들도 있기 마련이다. 더구나 그 자식이 부모가 될 즈음에는 더더욱 그렇다. 자손들은 자신보다 더 키가 크고, 더 예쁘고, 더 똑똑하고, 더 건강하기를 바라는 것이 부모, 아니 인간의 본능일 테니까. 어찌 인간뿐이겠는가. 찰스 다윈이 진화가 진보를 말하는 것이 아니라고 분명히 강조했음에도, 이 세상에 존재하는 모든 생명체는 더 나아진 후손을 바란다. 하지만 그런 바람이 아무리 절실하더라도 그 바람대로 이루어지는 것은 아니다.

그렇다고 '이기적 유전자'의 뜻대로 속수무책일 수는 없다. 왜냐하면 우리는 '의지'를 가진 존재이기 때문이다. 유전자 편집 기술을 이용해서 단숨에 유전자를 업그레이드할 수 있는 시대이지만, 내 몸속에 새겨진 유전자는 그 오랜 세월을 견디어 온 이유가 분명히 있다. 인간은 지금까지 함께해 온 자연과 광활한 저 우주와 끊임없이 투쟁하고 적응하고 소통하면서 지금 여기까지 왔다. 그러니 우리 각자는 실로 어마어마한 존재다. 그 모든 역사가 우리 몸에, 우리 유전자에 새겨져 있으니 말이다.

하 우 스

(House)

도시와 시골

그래도 내 집은 있어야지

국토교통부는 2018년 5월에 「2017년도 주거실태조사 결과」를 발표했다. 국민들의 주거환경과 주거이동, 가구 특성과 관련된 기초자료 수집을 위해 2006년부터 주거실태조사(일반 가구)를 격년 단위로 실시해 왔는데, 2017년부터는 보다 적시성 있는 정책 수립을 위해 매년 주거실태조사를 하고 있다. 또한, 맞춤형 주거복지정책 수립에 활용하기 위해 조사 표본을 2만 가구에서 6만 가구로 확대하여 그동안 부정기적으로 실시해오던 청년(가구주의 연령이 만 20세~34세), 신혼부부(혼인한 지 5년 이하), 노인가구(가구주의 연령이 만 65세 이상) 등에 대한 주거실태도 매년 파악할 예정이라고 한다.

우리 국민 중, 내 집을 꼭 마련해야 한다고 생각하는 사람의 비율은 어느 정도일까? 2017년 주거실태조사에 의하면 그 비율이 82.8%에 달한다. 이 수치는 2014년 이후 지속해서 증가하고 있다. 국민 10

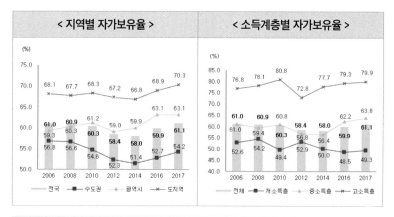

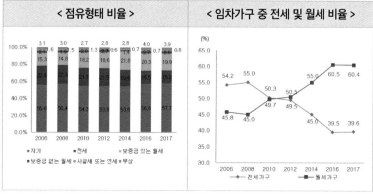

2017년 주거실태조사 결과   출처: 국토교통부

명 중 8명 이상이 내 집이 꼭 있어야 한다고 생각한다는 것이다. 내 집 소유에 대한 욕구가 얼마나 강한지 말해 준다. 이 비율은 가구주의 연령이 높아질수록 높게 나타난다. 40세 미만에서는 75.4%, 50세 미만은 81.2%, 60세 미만은 84.7%, 60세 이상은 88.5%이며 65세 이상은 무려 89.5% 된다. 40세 미만에서 상대적으로 낮게 나타나긴 하지만 국민의 대다수는 내 집 마련이 꼭 필요하다고 생각하고 있음

을 조사 결과는 말해준다.

이렇게 내 집 갖기를 바라는 사람이 많은 현실에서 실제로 내 집을 가지고 있는 사람은 얼마나 될까?

2017에 자기 집에 거주하는 가구는 전체 가구의 57.7%로 전년도보다 0.9% 증가했다. 수도권(49.7%)보다는 지방 광역시(60.3%)가 높고, 그보다는 도 지역(68.1%)이 높다. 수도권의 집값이 도 지역에 비해 비싸고 인구밀도가 상대적으로 높은 것이 이유인 듯하다. 내 집을 꼭 가져야 한다고 생각하는 사람 중에 상당수가 자기 집에서 살지 못하고 있다. 자기 집을 가지고 있으면서도 전세나 월세 등 주택을 임대해서 사는 사람도 있고, 자기 집을 소유하지 못한 사람도 많은 것이 현실이다.

특히, 청년가구의 자가점유율은 19.2%로 대부분 임차가구이며, 임차가구 중 월세 비중이 일반가구(60.4%)에 비해 매우 높은 71.1%로 나타났다. 신혼부부가구의 자가점유율은 44.7%로 일반가구에 비해 낮지만, 전세가구의 비중은 67.8%로 일반가구(39.6%)에 비해 높게 나타났다. 청년가구는 주택을 구매하거나 전세를 얻을 수 있는 자금력이 부족하니 월세 비중이 높고, 신혼부부가구는 결혼을 통해 목돈 마련을 한다고 볼 수 있다. 한편, 중년을 넘긴 노인가구의 자가보유율은 77.4%로 내 집 마련이 꼭 필요하다고 생각하는 비율(89.5%)에는 미치지 못하지만 10명 중의 8명은 내 집을 보유하고 있다. 그러나 여전히 노인가구의 10명 중 2~3명이 자가를 갖지 못하는 것이 현실이

므로 이들의 삶에 대해서는 정부가 좀 더 세심하게 살펴봐야 한다.

어디서 살 것인가

전체 가구 중 아파트에 거주하는 비중은 48.6%다. 세대별로 살펴
보면, 청년가구(34.8%)와 노인가구(34.3%)는 비슷한 비율로 나타나는
데 비해 신혼부부가구(72.4%)는 그 비율이 상당히 높다.

실제로 2016년 아파트가 전체 주택에서 자치하는 비율은 60.1%로
역사상 처음으로 60%를 넘어섰다. 인구주택 총조사를 보면, 1995년
까지는 단독주택(47.1%)이 아파트(37.5%)보다 더 많았으나, 2000년부터
는 아파트(47.7%)가 단독주택(37.1%)보다 더 많아졌다. 새로 짓는 주택
의 대부분이 아파트이기 때문에 아파트의 비율은 계속 높아질 것이
다. 요즘 수도권을 제외하고 집값의 상승 폭이 크다는 세종특별자치
시는 현재 몇 번째 아파트를 신축하고 있다. 시내 어디에서든 아파
트 신축을 위한 타워크레인을 볼 수 있을 정도다.

이렇게 아파트가 급증하는 이유는 무엇일까? 내 집 마련에 대한
국민들의 욕구를 충족하기에는 대규모 공급이 가능한 아파트가 가
장 적절한 주택 형태가 아닐 수 없다. 좁은 국토에 비싼 토지를 효율
적으로 사용한다는 명분을 아파트가 높이 세워줬다. 근대 건축의
거장인 르코르뷔지에(Le Corbusier, 1887~1965)의 건축 원칙인 철근콘크

리트 기둥 활용으로 자유로운 평면 사용을 극대화한 형태가 바로 우리가 사는 아파트다.

더군다나 아파트는 편리하고 깨끗한 주거공간을 제공한다. 최근에 지은 아파트는 고층임에도 내진설계가 잘 되어 있어 안전하고, 방음처리도 잘 되어 층간 소음 문제도 적다. 불편한 부엌이 획기적으로

여전히 아파트가 건설 중인 세종특별자치시

뇌가 섹시한 중년

개선되면서 여성만의 가사노동을 부부가 함께하는 문화도 아파트가 만들었다고 해도 과언이 아니다. 단지 내에 도서실, 카페, 헬스장 등 편의시설을 잘 갖추고, 주차장을 지하로 밀어내고 지상에는 작은 숲을 만들어 아파트의 삭막함을 덜어준다.

단지 주변으로 학교, 학원, 상가, 병원이 자리 잡고 있으니, 아이들을 키우기에도 좋다. 이런 편리함에 더불어 아파트는 엄청난 매매 차익을 제공함으로써 단기간에 자산을 늘릴 수 있는 수단이 되고 있다. 아파트로 인해 빈부의 격차가 더 심해지는 것이 불편한 진실이기는 하지만 국민들의 소득 증대에 기여한 측면도 부인할 수 없다.

그렇다고 아파트의 확대가 좋은 면만 있는 것은 아니다. 기존 동네에 아파트가 들어서면 골목과 골목으로 연결되던 길이 막히기도 한다. 아파트 단지 외곽으로 높고 낮은 벽이 생기면서 소통의 길이 단절된다. 게다가 지하주차장과 엘리베이터가 연결되어 주요 이동 공간으로 이용되면서 주거공동체가 형성되기 어려워졌다. 지상의 주차장을 이용할 때는 그나마 출퇴근 시간에, 아이들을 학교에 보내면서, 장을 다녀오면서 마주치며 눈인사라도 나누었지만 이제 그런 기회조차 없어져 버렸다.

같은 동에 사는 사람뿐만 아니라 같은 층의 바로 앞집에 사는 사람과도 소통이 쉽지 않다. 일부러 찾아가서 인사라도 나누지 않으면 누가 살고 있는지도 알 수 없다. 아파트는 기존 동네의 골목, 거리, 낮은 담장, 열린 대문 안의 작은 마당, 동네 어귀의 정자나무 등 사적이면서 공적인 공간을 모두 삼켜버렸다. 아파트는 극단적인 사생활의 보호에 집착하는 구조를 하고 있다. 수평이 아니라 수직으로 이루어진 느슨한 이웃은 소통이 아니라 단절을 안고 살아간다.

이 시대의 건축가 승효상도 '주택정책, 주거정책, 중앙시평(2018. 3. 24.)'에서 "대한민국에 주거정책은 없다. 오로지 주택정책만 있을 뿐인데, 주택 물량이 부족했던 시절의 이 낡은 패러다임이 지금도 지배하여 여전히 집은 사고파는 부동산이고 평형대와 분양가로 우리 삶을 재단한다."라고 한탄했다.

그래서일까? 한겨레신문 경제부동산 코너 기사(2015.6.14)에 의하면 60%가 넘는 한국인이 아파트에 살고 있고 새로 공급되는 주택의 대부분이 아파트이지만, 한국인의 45%는 5년 뒤 단독주택에 살고 싶어 한다고 한다. 5년 뒤에 살고 싶은 주거 형태와 관련해 응답자들은 33.8%가 도시 주택, 32.0%가 도시·시골 이중 주거, 18.3%가 전원주택이라고 대답했다. 도시와 시골 양쪽에 각각 집을 갖고 싶다는 사람이 전체 응답자의 3분의 1에 이른다.

국토교통부의 주거실태조사에서도 신혼부부가구의 아파트 거주 비중이 노인가구가 되면 절반 이하로(72.4% → 34.3%) 줄어드는 것을 확인할 수 있다. 직장 문제, 자녀교육, 아파트의 편리함 등 여러 요인으로 현재는 도심의 아파트에 살고 있지만, 언젠가는 떠나온 그곳으로 돌아가고 싶어 하는 인간의 귀소 본능이 내면에 꿈틀대고 있는 것일까?

뇌가 섹시한 중년

귀농, 귀촌 그리고 바탕방

이처럼 도시의 삭막함을 벗어나 농촌으로 가고 싶어 하는 사람이 많아지고 있다. 자신이 태어나고 자란 고향의 산천으로 돌아가 좀 더 여유로움 속에서 생활하고 싶어 한다. 하지만 생각보다 쉽지 않다고 한다. 시골 생활이 생각보다 만만치 않다는 것을 방송이나 신문을 통해 종종 볼 수 있다. 어린 시절에 해 보았던 농사일이라고 별 준비 없이 시작했다가 실패하는 사례가 많고, 이주한 시골의 토착민들과 잘 어울리지 못해 어려움을 겪는 경우도 종종 있다.

이런 어려움을 예방하고 귀농·귀촌을 돕기 위해 농림축산식품부에서는 '도시민 농촌유치지원 사업', '귀농 농업창업 및 주택구입 지원사업', '귀농인의 집', '체류형 농업창업지원사업' 등 귀농·귀촌을 희망하는 사람을 지원하기 위한 여러 사업을 진행하고 있다. 그뿐만 아니라 도시민의 유치를 희망하는 지방의 군소 지자체에서는 귀농·귀촌 멘토링을 통해 시골 생활의 노하우를 알려주고, 정착 자금도 지원하는 등 유치에 열을 올리기도 한다. 이런 체계적인 도움을 받는다면 시골 생활도 아주 어렵지 않게 시도해 볼 수 있을 것 같기도 하다.

시골만이 아니라 해외로 눈을 돌리는 사람도 늘고 있다. 2018년 11월에 방영된 SBS 스페셜 '충건 씨의 은퇴 여행'은 100세 시대, 은퇴의 공포와 맞서 싸우는 베이비부머 세대의 용기를 보여준다. 은퇴했거나 앞둔 이들이 한 번쯤 고민해볼 수밖에 없는 내용을 담고 있다. 평생 처음으로 홀로 해외여행을 나선 60세의 충건 씨가 만난 두 부부의 삶을 통해 어디서, 어떻게 살 것인지에 대한 질문을 우리에게 던진다.

첫 번째는 유럽 여러 국가를 다니다 마케도니아의 오흐리드에서 2개월 이상 머무는 부부의 이야기다. 영어 학원을 더 운영할 수 없게 되자, 살던 아파트까지 팔고 해외에서 한 달 살기에 나선 이 부부는 지금은 1년 살기를 체험 중이다. 직장도 없고, 살던 집도 처분했다. 결코 넉넉할 수 없는 삶이고 돌아가서 어떻게 살 것인지 고민을 안 할 수 없는 상황이다. 하지만 지금 이 부부는 행복하다. 풍족하지 않지만 일에 얽매이지 않고 바쁘지도 않다. 월세 32만 원에 임대한 주택은 그림 같은 호수가 보이는 곳에 있다. 주거비와 생활비를 합쳐도 한 달 동안 100만 원이면 충분히 살 수 있다. 소일거리로 현지인의 일을 도와 적은 돈을 벌기도 하고, 호숫가에 앉아 세월을 낚기도 한다. 1년이란 한정된 시간 동안의 실험이자 도전이지만 이 부부의 새로운 시작은 충분히 매력적이다.

두 번째 부부의 이야기 배경은 캄보디아 바탐방이다. 그 낯선 땅에 40대 부부가 터를 잡았다. 부부가 사는 4층짜리 건물의 월세는 450불. 이곳은 생필품 물가가 싸기 때문에 최소한의 비용으로 충분히 생활할 수 있다. 직업 군인이던 남편이 암에 걸린 후 삶 자체에 대한 고민을 시작했다는 부부는 직업군인과 디자이너로서의 삶은 내려놓기로 했다. 그리고 바탐방에서 새로운 삶을 시작했다.

주말부부로 살던 그들은 바탐방에서 비로소 한집에서 살게 되었다. 같이 있는 시간이 많아진 탓에 서로 티격태격 다투기도 하지만 그들은 그것 또한 행복한 삶의 한 부분으로 생각한다. 그곳에서 현지 아이들에게 한글을 가르치고, 남편은 생애 첫 취미인 사진을 찍으며 살아간다. 다른 언어, 낯선 문화, 모든 것이 쉽지 않은 환경이지만 작은 용기를 낸다면 시도해 볼 만한 삶이다.

마케도니아에서 사는 부부나 바탐방의 40대 부부의 삶이 행복하지만은 않을 것이다. 누구나 그런 시도를 하는 것 또한 쉽지 않은 일이다. 하지만 또 하나의 선택지는 될 수 있다. 자신을 돌아보고, 가지고 있던 것을 내려놓으면 이전에는 생각지도 못했던 또 다른 삶의 기회를 만날 수 있다.

누구와 어떻게 살 것인가

나이가 들면서 이전에는 편안하다고 생각했던 도시의 아파트 생활에 싫증을 느끼는 사람이 많아지고 있다. 꼭 나이가 들고 은퇴 시기에만 그런 것도 아니다. 젊은 사람 중에도 귀농·귀촌에 관심이 있는 이들이 많다. 도시가 주는 화려하고 편리함 이면에 있는 소외와

좌절에 지친 사람들, 잠시 돌아볼 틈도 없이 바쁜 일상에서 벗어나고 싶은 사람들, 무엇이 될 것인가가 아니라 어떻게 살 것인가를 가슴에 떠올린 사람들, 삶의 진정한 행복이 무엇인지 문득 깨달은 사람들이다. 그들이 도시를 벗어나고자 한다. 도시만 벗어나면 행복할 거라 생각하지만 현실은 그렇지 않다. 정작 중요한 것은 어디에서가 아니라 '누구와 어떻게'이기 때문이다.

번잡한 도시에 살 것인가, 한적한 시골에 살 것인가 보다 누구와 함께 사느냐가 진정한 행복에 눈뜬 사람들, 인생의 후반전을 시작하는 이들이 더 깊이 생각해야 하는 질문이다. 가족 해체가 심해진 요즘에는 혼자 살게 되는 경우도 많고, 배우자와 단둘이 살게 되는 경우도 흔하다. 어린 자녀와 또는 장성한 자녀가 다시 집으로 돌아와 같이 살기도 하고, 그 자녀가 이룬 가족과 함께 좀 더 큰 가족의 형태로 살기도 한다. 어느 형태가 더 행복하다고 말할 수는 없다. 가족의 수가 많고 적음이 행복의 전제 조건은 아닐 것이다. 무엇보다 중요한 것은 서로가 서로에게 어떤 존재가 되느냐이다.

내 집을 갖고자 하는 사람이 그렇게 많다는 것은 단지 물리적인 하우스를 갖는다는 의미는 아닐 것이다. 그 하우스를 무엇인가로 채우고 싶다는 마음이 강하다는 의미다. 아이들이 자라면서 만드는 추억, 부부간의 사랑, 세대를 잇는 긴 시간, 우리는 그런 것을 채우고 싶은 것이다. 그래야 하우스를 홈으로 만들 수 있으니까.

올해 새 식구가 생겼다. 온몸이 새까만 고양이, 팬서다(영화 〈블랙

작지만 어마어마한 새 가족, 팬서

팬서>에서 따왔다고 한다). 큰딸이 대학 다니며 혼자 생활하는 외로움을 덜려고 유기묘를 입양했는데, 졸업 후 직장 생활을 하게 되면서 맡기고 갔다. 귀엽고 예쁘지만, 손도 많이 간다. 먹이를 챙기고 간식도 간간이 줘야 한다. 물도 자주 먹지 않는 것 같아 팬스레 노심초사다. 고양이 전용 변기에 대소변을 잘 가리지만 매번 치워줘야 한다. 부부가 다 출근하는 아침이면, 혼자 온종일 집에 있어야 하는 녀석 때문에 마음이 쓰인다. 퇴근길에 문을 열면 언제나 반가이 맞아주는 녀석 때문에 집에 들어오는 재미가 좋다. 콘크리트 아파트에 따뜻한 생기가 돈다. 이 녀석이랑 언제까지 같이 살 수 있을까?

문득, 이 녀석은 그 작은 몸으로, 어마어마한 크기로 하우스를 가득 채우고 있음을 깨닫게 된다.

신과 인간의 자식 사랑

신화가 현실이 되다

1873년 어느 날, 영국과 독일의 신문에 사람들의 큰 관심을 끌 만한 기사가 났다. 신화가 사실로 드러났다는 내용이었다. 하인리히 슐리만(Heinrich Schliemann, 1822~1890)이라는 아마추어 고고학자가 터키의 차나칼레(Canakkale) 지역의 트로이에서 고대의 유적을 발굴했다는 것이다. 그는 어릴 적부터 호메로스(Homer 약 기원전 800년~750년경에 활동한 고대 그리스의 시인)의 일리아드 이야기를 진실로 믿고 트로이 전쟁의 증거를 발굴하고 확인하는 것이 꿈이었는데, 마침내 그 꿈을 이루었다는 보도였다.

트로이의 고대 유적지는 초기 유럽 문명 발달사 중에서 가장 많이 논의되는 곳이며, 유럽 문명을 이해하는 데 대단히 중요한 곳이다. 더욱이 호메로스의 『일리아드』는 2,000년 이상 예술 창작 분야에 지대한 영향을 미쳤으며, 이 때문에 이곳은 특별한 문화적 중요성을 가진다. 트로이는 에게해의 아나톨리아와 발칸반도가 만나는 지점에 있는 동양적 매력을 가진 곳이다. 세계에서 가장 유명한 고고 유적지이며 현대 고고학의 출발 지점으로서 공인받은 유적지다(故 이윤기 선생은 『길 위에서 듣는 그리스 로마 신화』(작가정신, 2002)에서 트로이 탐방이 터키 여행의 계륵이라고 했다. 터키 여행에서 빼먹자니 아쉽고, 가서 보자니 그 수고에 비해 실제로는 별로 볼 것이 없다는 점에서 그렇다는 것이다).

그의 자서전인 『고대에 대한 열정』(일빛, 1997)에 의하면 슐리만은 1822년 메클렌부르크 슈베른(독일 북부에 위치한 대공국)의 작은 도시 노이부코프에서 가난한 목사의 아들로 태어난다. 1850년대 크림전쟁과 미국의 남북전쟁 와중에 하던 사업이 번창하여 엄청난 부를 축적한다. 1866년 파리로 이주하면서 사업을 접고, 오랫동안 갈망하던 고대사 연구에 착수한다. 이후 꿈에 그리던 터키와 그리스 일대를 탐사하면서 호메로스의 일리아드와 관련된 유적들을 탐구하던 중 1870~1873년 히실리크 언덕(Hisarlık Tepesi)에서 대규모 발굴 작업을 통해 그것이 트로이 유적이라는 것을 증명함으로써 전 세계에 놀라움을 선사한다. 이후에도 세 차례나 히실리크 언덕 일대를 발굴하여 여러 층에 걸친 트로이 유적을 발견하는 등 고대 유적지 발굴에 뛰어난 업적을 남긴다.

슐리만이 발굴한 트로이 지역은 고대 트로이와 그리스 연합군이 전쟁을 벌인 곳이다. 전쟁이 있기 전에는 트로이의 프리아모스 왕이 다르다넬스 해협을 오가는 상선으로부터 통행료를 받으며 부유하게

뇌가 섹시한 중년

신화를 영화로 그려냈지만, 슐리만은 신화를 현실로 만들었다

살던 곳이었다. 하지만 트로이 전쟁 후, 도시국가는 멸망하고 폐허
가 되었다.

트로이 전쟁의 기원은 그리스 로마 신화로 거슬러 올라간다. 이야
기는 트로이의 반대편인 그리스 연합군의 영웅 아킬레우스가 태어
나기 전부터 시작한다. 아킬레우스의 부모인 펠레우스와 여신 테티

스의 결혼식에 모든 신이 초대받았지만, 불화의 여신 에리스만은 예외였다. 불화의 여신이 가만히 있을 리 만무하다. 에리스는 초대받지 못한 결혼식에 홀연히 나타나서는 황금사과를 하나 흘리고 간다. 세상에서 가장 아름다운 여인이 그 사과의 주인이라며 불화의 씨를 남겨 놓은 것이다. 아니나 다를까, 자기가 사과의 주인이라고 주장하는 세 여신이 나타난다. 제우스의 아내이자 결혼과 가정의 신 헤라, 전쟁과 정의의 신 아테네, 사랑과 아름다움의 신 아프로디테가 그들이다. 서로가 자신이 제일 아름답기 때문에 사과는 당연히 자기가 가져야 한다고 다투기 시작했다. 우열을 가릴 수 없는 다툼이 계속되자, 그들은 신들의 제왕인 제우스에게 최종 결정을 해달라고 한다.

여신들의 다툼이 휘말리기 싫었던 제우스는 그 심판을 트로이 프리아모스의 둘째 아들 파리스에게 떠넘겨 버린다. 파리스는 우여곡절 끝에 아프로디테의 손을 들어준다. 세상에서 가장 아름다운 여인을 아내로 삼게 해주겠다는 아프로디테의 제안을 받아들였기 때문이다. 그 아름다운 여인이 다름 아닌, 스파르타의 왕 메넬라오스의 아내인 헬레네였다. 이미 결혼하여 남편까지 있는 여자였지만 큐피드가 쏜 사랑의 화살에 맞은 두 사람은 사랑에 빠져들고 만다. 스파르타에 사신으로 간 파리스와 눈이 맞은 헬레네는 트로이로 야반도주를 하게 되고, 아내를 잃은 메넬라오스가 그의 형인 뮈케나이 왕 아가멤논에게 도움을 청해 그리스 연합군이 꾸려진다. 이 연합군과 트로이 간의 10여 년의 전쟁이 바로 트로이 전쟁이다. 그 유명

뇌가 섹시한 중년

파리스의 심판, 루벤스 그림(1636년), 런던 내셔널 갤러리 소장

한 트로이 전쟁이 트로이 왕자와 사랑에 빠져 야반도주한 헬레네를 되찾아오기 위한 전쟁이었다는 사실을 알고 나면 좀 어처구니가 없어진다. 게다가 그 전쟁이 헤라를 비롯한 여러 신이 자기편을 든 쪽을 도와주는 등 전쟁에 개입하는 바람에 10년이라는 세월 동안 이어지기까지 했으니 말이다.

신화도 역시 사람 이야기다

호메로스의 상상에 의해 만들어진 이야기로만 생각했던 트로이의 흔적을 슐리만이 실제로 발굴했으니 신화가 현실이 된 것이다. 고대의 신화가 사람의 눈앞에 실제로 나타난 것이다. 신화를 읽은 세계의 수많은 관광객이 끊임없이 트로이를 찾고 있다. 남아 있는 것은 오래된 벽돌과 흙과 바람뿐인데도, 그 속에서 사람들은 신화를 떠올린다. 어떤 이는 그리스 연합군의 공격에 맞서 트로이 성을 지켜내는 트로이 군사의 목소리를 듣고, 어떤 사람은 아킬레우스에게 목숨을 잃은 헥토르의 죽음을 지켜본 프리아모스의 슬픔을 느낀다. 에게해에서 불어오는 바람 속에 그날의 절규와 함성이 묻어 있기라도 하듯이 온몸으로 바람을 맞아 보는 이도 있겠다. 브래드 피트가 영웅 아킬레우스 역을 연기한 영화 〈트로이〉(2004)를 이미 본 사람이라면 영화의 장면을 폐허 속에서 떠올리기도 하겠다.

그리스 로마 신화는 로마 시대를 거치면서 서양 문명 저변에 대단히 큰 영향을 끼쳤다. 기독교가 융성했던 중세에도 수많은 문학과 예술 작품에서 그리스 로마 신화의 소재를 가져다 썼으며, 근대와 현재까지 그리스 신화에 관련된 소재가 주요 개념의 어원으로 사용되고 있다. 지그문트 프로이트(Sigmund Freud, 1856~1939)가 그의 이론을 설명하기 위해서 쓴 오이디푸스 콤플렉스, 엘렉트라 콤플렉스, 나르시시즘 등 용어가 대표적이다.

신화의 내용을 알아두면 서양문화와 문학작품을 이해하는 데 굉장한 도움이 된다. 고대에서 현대에 이르기까지 수많은 시인과 예술가들이 그리스 신화에서 많은 영감을 얻었으며, 신화가 들려주는 이야기가 그림으로, 조각으로, 소설로 이어져 왔기 때문이다.

그리스 로마 신화는 제우스를 비롯한 신들이 주인공이지만 내용을 보면 우리 인간의 세상살이와 비슷한 면이 많다. 누가, 언제, 어떻게 이야기를 만들었는지, 또 후세 사람에게 어떻게 전했는지 알 수 없지만, 신화를 만든 이들이 사람이기에 인간의 이야기가 바탕이 될 수밖에 없다. 신화에는 신이 하는 행동이라고 할 수 없을 것 같은 사랑과 질투, 배신과 복수, 기쁨과 슬픔 등 인간사의 모든 애환이 그 속에 담겨 있다. 그리스 로마 신화에서 때론 우리의 모습을 볼 수 있는 이유다. 그 수많은 이야기 중에 부모와 자식 사이의 안타까운 사연을 몇 가지 살펴보자.

이카로스의 추락

다이달로스는 크레타 왕국의 건축가다. 그의 이름은 '아리아드네의 실타래'라는 이야기에 등장한다. 크레타 왕국의 왕비 파시파에가 황소와의 정분으로 낳은 자식인 반인반수 미노타우로스를 가두기 위해 지은 미로(라비린토스)를 만든 이가 바로 그다. 아무도 빠져나올 수 없는 라비린토스를 만들었지만, 그리스의 영웅 테세우스에 의해 그 비밀이 풀리면서 다이달로스도 곤경에 빠진다. 그 일로 미노스 왕의 신임을 잃은 다이달로스는 크레타섬을 떠나기로 마음먹었으나 왕은 그를 쉽게 놓아주지 않았다.

다이달로스는 아들 이카로스와 함께 크레타섬을 몰래 탈출하기로 하고, 새의 날개에서 깃털을 모아 실로 엮고 밀랍을 발라 날개를 만든다. 다이달로스는 이카로스에게 날개를 달아 주며 비행 연습을 시키고 함께 탈출할 계획을 세운다. 그는 아들에게 "너무 높이 날면 태양의 열에 의해 밀랍이 녹으니 너무 높이 날지 말고, 너무 낮게 날면 바다의 물기에 의해 날개가 무거워지니 항상 하늘과 바다의 중간으로만 날아라"라고 단단히 주의를 준다. 하지만 늘 그렇듯이 자식은 부모 말을 새겨듣지 않는다.

마침내 탈출하는 날, 날개를 단 다이달로스와 이카로스는 하늘로 날아올랐다. 이카로스는 자유롭게 날 수 있게 되자 아버지의 간곡한 당부를 잊은 해 하늘 높이 마음껏 날고 싶어졌다. 그는 한껏 날아올랐다. 그러자 태양의 뜨거운 열기 때문에 깃털을 붙였던 밀랍이 녹아버린다. 이카로스는 날개를 잃고 바다에 떨어져 죽고 만다. 이때 이카로스가 떨어져 죽은 바다가 '이카로스의 바다'라는 뜻의 이카리아 해이다.

누구나 어릴 때는 부모님으로부터 조심하라는 말을 자주 듣고 자란다.

"오늘은 밖에 나가지 마라. 지나다닐 때 차 조심해라. 물 깊은 곳에는 가지 마라."

"사람들 앞에 네가 나서지 마라. 꼭 네가 나서야 할 필요가 있나?

네가 그런다고 세상은 변하지 않아."

어른이 되고 자식을 둔 지금에서야 그 말이 늘 자식을 걱정했던 부모의 마음임을 안다. 세상살이가 호락호락하지 않으니 내 새끼는 너무 힘들지 않았으면 좋겠다는 부모의 마음이다. 그때는 쓸데없는 잔소리로만 들렸다. 세상의 부조리와 잘못에도 눈 감고 조용히 살라는 소심한 비겁함이라고만 생각했다. 이제는 그 깊은 의미를 알아가지만, 그땐 왜 조금도 몰랐을까 하는 후회를 하게 된다. 자식이란 원래 그런 것인가? 지금의 내 자식들도 내 말을 잔소리로만 듣고 있는 걸까? 부모가 되어야 부모 마음을 안다고 하는 것이 이런 것이었나?

니오베의 자식 자랑

니오베(Niobe)는 리디아의 왕 탄탈로스의 딸이자 테베의 왕 암피온의 아내다. 그녀는 각각 7명의 아들과 딸을 두었는데 그것을 무척 자랑스럽게 생각하고 있었다. 한편 테베에서는 여신 레토를 숭배하고 그녀의 자식인 아폴론과 아르테미스를 기념하는 축제가 해마다 열렸다. 니오베는 레토 여신은 자식이 둘밖에 없는데 자신은 자랑스러운 아들, 딸을 7명씩이나 두었다고 거만스럽게 말하면서, 자기보다 못한 레토에게 제물을 바치는 제전을 중단하게 했다. 이 사실을 알게 된 레토는 분노했고, 아폴론과 아르테미스를 불러 니오베의 자식들을 죽이라는 명을 내린다. 먼저 아폴론이 니오베의 아들을 하나씩 활로 쏴 죽였다. 이때 막내아들이 신에게 용서를 빌자 아폴론이 불쌍히 여겼으나, 이미 화살을 쏴버린 상태라 살려줄 수는 없었다.

이를 본 아르테미스가 대신 딸이라도 살려주려 했으나, 니오베가 "잔인한 레토여, 내겐 아직 7명의 예쁜 딸이 있다!"라며 뉘우치는 기색도 없이 여전히 기고만장하자 딸도 죽여 버리기로 하고 화살로 첫째 딸을 맞힌다. 그것을 시작으로 7명의 딸을 모두 화살로 쏘아 죽

니오베 자식들에 대한 아폴로와 다이애나의 공격, 루이스 다비드(1772년), 댈러스미술관 소장

뇌가 섹시한 중년

인다. 이 모든 비극을 겪은 남편 암피온은 그 충격으로 자살하고, 니오베는 슬픔과 회한에 흐느끼다 돌로 변해 버린다. 지나친 자식 자랑이 화를 불러, 결국 모든 자식을 잃어버린 것이다.

요즘은 '착한 부모 콤플렉스'가 부모들 사이에 널리 퍼져 있다고 한다. 한 가정에 한둘뿐인 자녀가 귀하다는 생각에 부모가 자녀에게 잔소리나 야단을 치지 못할 뿐만 아니라 쩔쩔매는 상황까지 벌어진다. 어릴 때부터 엄마가 자녀 곁에서 모든 것을 다 해 주다 보니 대학, 군대, 심지어 직장 문제에도 부모가 나서는 경우가 있어, 이런 걸 자식 사랑으로만 보기에는 좀 불편하다.

내 자식에 대한 사랑과 애정이 지나치다 보면, 다른 사람에 대한 배려는 잊기 쉽다. 그런 관점에서 보면, 몇몇 대기업 창업주의 자녀들이 보여주는 이해할 수 없는 언행은 그 태생적인 원인이 있는 것이 아닌가 싶다. 니오베의 이야기는 슬프고 참혹하지만, 요즘 시대를 살아가는 우리의 모습을 되돌아보게 한다.

중년이 되고 보니, 세상을 먼저 떠난 아버지와 늙은 몸으로 혼자 고향을 지키시는 어머니 생각을 자주 하게 된다. 지나온 시간을 되돌아보아도 아버지와의 살가운 추억이 잘 떠오르지 않는다. 그런 일이 거의 없었기 때문이다. 다섯이나 되는 자식을 건사하기에도 힘겨웠고 먹고살기에도 힘들었으니 그랬으리라 싶다. 서운함이 없지는 않지만 지금은 이렇게 이해를 하게 된다. 자식의 입장에서 아쉽고 안타까운 일이지만, 아비의 마음은 어떠했을까? 이런 생각을 할 수 있는 걸 보니, 이제야 철이 드나 보다.

중년에야 겨우 철이 든다.

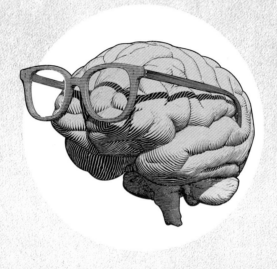

3부

다 가 오 는
시간을 채우다

원칙

말을 바로 세우는 길

말이 말을 낳는 복잡한 세상

'말이 말을 낳는 복잡한 상황을 헤쳐나갈 힘이 없다.' 아주대학교 중중외상특성화센터 센터장인 이국종 교수의 말이다. 그가 치료와 수술을 담당하고 있던 북한군 병사에 대한 언론 브리핑과 그 브리핑 내용에 대한 정의당 김종대 의원의 의료법 위반 발언 등 일련의 논란에 대해 자신의 심정을 이 한 문장으로 토로했다. 그간의 사정은 이렇다.

2017년 11월 13일 공동경비구역(JSA)을 통해 북한군 병사 한 명이 귀순했다. 그 병사는 추격해 오던 북한군의 총격으로 중상을 입었고, 우리 군의 도움으로 남쪽으로 넘어올 수 있었다. 그 병사의 상태가 급박하고 위중한지라 중상 응급환자 치료 전문가인 이국종 교수가 치료를 맡았다. 그는 2011년 아덴만 여명작전 때 중상을 입어 사경을 헤매던 석해균 선장을 살린 일화로 유명하다. 귀순한 북한군 병사의 상태에 대한 국민적 관심이 매우 높은 상황이었고, 언론도 연일 관련 뉴스를 쏟아내고 있었다.

 이런 와중에 병원 측의 언론 브리핑이 있었다. 이 교수가 환자의 상태를 설명하면서, 수술 후 합병증에 대한 우려를 표했다. 환자 상태에 대한 설명 중에는 환자 몸속의 분변, 옥수수, 기생충 등 우리에게는 흔하지 않은 내용이 있었다. 일부 언론은 환자 몸 상태보다는 환자 몸에서 나온 것에 더 관심을 가졌고, 옥수수나 기생충으로 유추할 수 있는 북한의 열악한 생활환경에 대한 기사를 쏟아냈다. 이에 대해 정의당 김종대 의원은 환자의 프라이버시를 보호하지 않고 공개한 것은 '인격 테러'라며 의료법 위반 소지가 있음을 지적했다. 이국종 교수 입장에서는 전혀 그런 의도가 아니었음에도 불구하고 환자의 인격을 충분히 고려하지 않았다는 공격을 받게 되어 다소 억울한 측면이 있었다.

 두 사람의 말과 글은 언론에 자극적인 기삿거리를 제공했다. 신문에서도 연일 관련 내용을 보도하고, 종합편성 채널에서도 시사평론가와 전문가라는 사람들이 나와서 말에 말을 보태어 말의 갈래를 만들어 그 파장을 증폭시켰다. 의사는 환자의 건강을, 정치인은 인권을 이야기했는데, 원래의 의미와 의도는 온데간데없이 고삐 풀린 말이 난무했다. 말이 말을 앞세워 새로운 말을 만들어가는 형세다. 환자 치료, 그것도 요즘 의사들이 가장 힘들어해서 전공 선택자가 아주 적다는 외상치료에 전념한 의사가 헤쳐나가기에는 애당초 벅찬 상황임이 틀림없었다.

뇌가 섹시한 중년

그럼에도 그는 이 힘겨운 상황을 헤쳐나갔다. 말들이 난무하는 상황에서 그는 말의 원칙을 세움으로써 이겨냈던 것이다. 아무도 반박을 하지 못하게 하는 원칙. 그는 그 원칙을 '환자의 목숨'으로 세웠다. 의사 입장에서 볼 때 환자의 인권을 지키는 가장 중요한 길은 '환자의 목숨'을 지키는 것이라고 했다. 아무도 반박할 수 없었다. 그 어느 누가 이 말에 반박할 수 있겠는가? 그러자 난무하던 말은 고개를 숙이고 점차 사그라져 갔다. 그 사이로 그는 아무 일도 없다는 듯이 걸어 나왔다.

하지만 이런 상황에서 누구나 자신의 말의 원칙을 세우기는 쉽지 않은 일이다. 우리 자신의 말을 바로 세워 그 뜻이 제대로 전달될 수 있게 하는 일은 누구나 할 수 있는 일이 아니다.

'말이 말을 낳는 복잡한 상황을 헤쳐나갈 힘이 없다.'라는 그의 말이 낯익다. 어디선가 본 듯한 말투다. 어느 기사를 보니 그의 병원 사무실에 유독 김훈의 소설이 많다고 한다. 특히 『칼의 노래』(문학동네, 2001)는 거의 외우다시피 할 정도로 읽었다고 한다. 그러고 보니 김훈의 말투와 닮았다. 『칼의 노래』, 『자전거 여행』(생각의나무, 2007), 『현의 노래』(문학동네, 2012) 등에서 이런 투의 문장을 가끔 볼 수 있다.

누가 옳고 그른가

김훈의 소설 『남한산성』(문학동네, 2007)에서 최명길과 김상헌이 주고

받는 대화를 보자.

> 최명길: 싸울 자리에서 싸우고, 지킬 자리에서 지키고, 물러설 자
> 리에서 물러서는 것이 사리일진대 여기가 대체 어느 자리
> 이겠습니까?
>
> 김상헌: 싸울 수 없는 자리에서 싸우는 것이 전(戰)이고, 지킬 수
> 없는 자리에서 지키는 것이 수(守)이며, 화해할 수 없을 때
> 화해하는 것은 화(和)가 아니라 항(抗)이오.
>
> 최명길: 상헌의 말은 지극히 의로우나 그것은 말일 뿐입니다. 상헌
> 은 말을 중히 여기고 생을 가벼이 여기는 자이옵니다. 갇
> 힌 성안에서 어찌 말의 길을 따라가오리까?
>
> 김상헌: 죽음이 가볍지 어찌 삶이 가볍겠습니까. 명길이 말하는 생
> 이란 곧 죽음입니다. 명길은 삶과 죽음을 구분하지 못하
> 고, 삶은 죽음과 뒤섞어 삶을 욕되게 하는 자이옵니다. 신
> 이 가벼운 죽음으로 무거운 삶을 지탱하려 하옵니다.
>
> 최명길: 죽음은 가볍지 않사옵니다. 만백성과 더불어 죽음을 각오
> 하지 마소서. 죽음으로써 지탱하지는 못할 것이옵니다.

10년 전인 2007년에 나온 김훈의 소설 『남한산성』은 2017년에 개봉한 영화 〈남한산성〉의 원작으로 다시 주목을 받았다. 소설은 1636년 인조 14년, 청의 대군이 공격해 오자 임금과 조정이 강화도로 향하던 발길을 돌려 남한산성으로 들어가는 것으로 시작한다.

이후 47일간 남한산성에서 추위와 굶주림으로 자신을 에워싼다. 영화는 성 밖, 삼전도에서 진을 치고 있는 청의 대군과의 대결보다는 삶과 죽음, 목숨과 명분, 임금과 신하 그리고 백성들의 날것의 모습을 그려내고 있다.

청의 대군에 맞서 싸우다 죽을 것이냐, 항복하고 살 것이냐. 치욕을 감내하며 목숨을 구할 것이냐, 유교적 선비정신으로 대의명분을 살릴 것이냐. 김상헌이 주도하는 항전파와 최명길이 주도하는 화의파의 의견 대립은 첨예했다. 주화파는 화의하여 임금과 백성의 목숨을 살려 후일을 도모하자고 했고, 척화파는 죽어도 오랑캐에게는 무릎을 꿇을 수 없다며 이길 수 없는 싸움을 주장했다. 결국 주화파의 주장대로 임금과 신하는 삼전도의 치욕을 당했지만, 백성은 목숨을 건졌다. 하지만 그 대가로 수많은 백성이 포로로 끌려가 노예 생활을 하게 되고, 이로 인해 여러 가지 사회적 문제가 생기기도 했다. 주화파는 이후에도 두고두고 명분 싸움에서 밀려 수난을 당하게 된다.

소설 『남한산성』을 읽고, 영화 〈남한산성〉이 보여 주고자 했던 것은 누고 옳고 그르다는 판단이 아니라 그 선택의 과정에 서 있는 사람의 고뇌가 아니었을까? 임금의 자리에서, 신하의 자리에서, 그리고 힘없는 백성의 입장에서 그들이 생각한 것은 무엇인가에 대한 물음을 우리에게도 던지는 것이다.

청과의 화친을 주장한 최명길과 화친을 배격하고 끝까지 싸울 것을 주장한 김상헌 중에 누가 옳은가? 누가 옳다고 할 수 있기는 한가? 누가 옳고 그른 것이 아니라 두 사람의 생각이 다른 것일 뿐인가? 생각이 다르다고, 다름을 인정하면 그뿐인가? 두 사람의 말에는 그들 자신의 삶과 죽음뿐만 아니라 임금과 백성들의 목숨, 조선의 명운이 함께 있지 않은가?

소설과 영화에서, 그리고 역사에서 최명길과 김상헌은 모두 자신이 생각하는 원칙을 내세우고 있다.

최명길의 원칙은 목숨이다. 살리고자 하는 원칙이다. 그 삶이 자신의 목숨만을 부지하는 삶이 아니라 백성의 목숨을, 임금의 목숨을 지키고자 함이다. 내게 힘이 없음을 알고, 이길 수 없는 싸움을 피하고자 했다. 지금 당장보다는 내일을 도모하고자 했다. 그래서 그는 죽음은 가벼운 것이 아니니 그 죽음으로 삶을 대신하지 말아야 한다고 말한다. 임금이 청의 칸 앞에 나아가 무릎을 꿇는 치욕을 당하더라도 백성의 목숨을 지켜내어야 한다고 주장한다. 치욕과 수모는 결코 사람의 목숨보다 무거울 수 없다는 것이었다.

김상헌의 원칙은 명분이다. 기울어져 가는 명나라에 대한 의리와 충정을 지키는 것이 중요했다. 오랑캐의 무리에게 능멸당하고 치욕적인 목숨을 부지하는 것보다는 죽음으로써 그 명분을 지켜내는 것이 곧 삶이었다. 살아남기 위해 청의 칸에게 목숨을 구걸하는 것은 결코 사는 것이 아니라 죽는 것이었다. 임금을 그들 앞에 무릎 꿇게 하는 것은 임금에 대한 불충이며, 명에 대한 배신이다. 그 원칙이 무너지면 그 무엇도 지켜낼 수가 없다. 충과 효, 임금과 신하, 양반과

평민의 질서가 무너질 것이다. 그래서 그는, 청의 무력과 무례에 짓밟히면서 지킨 목숨은 목숨이 아니라고 말한다. 욕된 삶을 사느니 차라리 죽음을 택하고자 했다.

두 사람은 제각각 자신의 원칙으로 말을 세워 듣는 사람의 마음을 움직이게 한다. 때로는 최명길의 말이 옳고, 때로는 김상헌의 말이 이긴다. 목숨과 명분을 지키고자 하는 두 사람의 말은 조정과 백성을 생각하는 마음에서 하나의 원칙에 이른다. 명길은 자신이 아니라 백성의 목숨을 지키고자 했기 때문에 죽음을 무릅쓰고 청 앞에 나아가 말의 길을 열고, 임금을 설득할 수 있었다. 상헌 또한 자신만의 명분이 아니라 나라의 근본을 지켜내고자 하는 원칙을 가졌기 때문에 욕된 삶을 죽음보다 가벼이 여길 수 있었다.

하지만 누구나 최명길과 김상헌 같을 수는 없다. 소설이나 영화에서도 두 사람 외에는 자신의 말의 원칙을 세우지 못한다. 영의정조차도 상황에 따라서 왔다 갔다 하고, 임금인 인조 역시 중심을 잡지 못하고 흔들린다. 그만큼 자신의 말을 바로 세우는 것은 힘든 일이다.

남한산성 성벽에 서서

11월의 어느 주말에 '남한산성'에 갔다. 일찍 찾아온 겨울이긴 해도 햇살이 넉넉한지라 차 안은 따스했다. 영화와 소설 속의 남한산성은 바람 많고 춥고 허기진 곳이다. 그날의 남한산성을 느끼기에는 날씨가 너무 좋았다. 배부른 투정 때문이었을까, 산성로터리 근처 남문주차장에 주차하고 나니 눈발이 날리기 시작했다. 혹시나 하고 준비해 간 두툼한 패딩 점퍼를 입고 목도리도 하고 장갑까지 꼈다. 눈을 막기 위해 우산도 들었다. 남한산성의 대문인 남문으로 올랐다. 남문은 남한산성의 정문답게 제법 웅장하고 크다. 남문에서 성벽을 따라 걸었다. 이 성벽 아래에서 추위와 굶주림을 버티어 내던 400여 년 전, 그들을 그려 보려 했으나 생각은 멀리 나가지 못했다. 들고 있던 우산이 조선 병사들이 추위를 막고자 뒤집어썼다가 말먹이로 내놓을 수밖에 없었던 멍석 생각으로 이어졌다.

말(馬)의 목숨을 살리고자 추위에 맨몸으로 맞설 수밖에 없었던 그 날의 백성은 그 상황을 받아들일 수 있었을까? 말을 살려야 싸움을 계속할 수 있다는 관리의 말(言)에 그들은 동의할 수 있었을까? 그들에게 절실했던 멍석을 내어놓게 한 것은 관리의 '말'이 아니라 그들의 '검과 창'이었다. 나라와 백성을 지키고자 하는 것이 아니라, 임금의 존위와 관리의 가문과 자리를 보존하고자 한 것이었다. 김상헌과 최명길처럼 임금 앞에 나아가 큰 소리로 말할 수 없었던 백성은 저잣거리와 성벽 아래에 웅크리고 앉아 말을 쏟아 냈고, 그들의 삶과 살아있음으로 말을 세웠다. 굶주린 백성의 말소리는 작고 자주 끊어졌지만 길고 오래 나아갔다.

성안에서의 성벽은 높지 않았으나 성 밖의 경사면이 깊어 밖에서 보는 성벽은 높았다. 성안에서 성벽에 서면 가슴 높이에 닿았다. 성

뇌가 섹시한 중년

밖으로 숲이 길게 이어져 있고, 그 너머에 도시의 아파트 숲이 보였다. 나무의 숲은 따스하고 아파트의 숲은 차가웠다. 특히 성안의 숲은 눈발이 날리는 날씨에도 따스하고 고왔다. 눈이 녹은 물 위에 내려앉은 늙은 단풍이 긴 시간의 간격을 잠시 떠 올리게 했다.

한참을 걸어 서문에 닿았다. 남문보다 서문은 작고 낮다. 두 사람이 나란히 겨우 설 정도다. 문에 이르는 길도 좁다. 성문 밖의 길은 경사가 급해 인조가 말에서 내려서 걸었다고 했다. 이 문을 따라 나아가 삼전도에서 청의 칸에게 머리를 조아린 인조의 모습을 생각했다. 길지 않은 그 길이 인조에게는 얼마나 먼 길이었을까? 난무하는 신하의 말속에서 원칙을 세우지 못하고 나라와 백성을 고난에 빠뜨

비에 젖은 남한산성 성벽

리게 되었다는 것을 느끼기는 했을까?

　지금 그를 비난하는 것은 쉬운 일이지만, 자기 말의 원칙을 세우는 것은 쉽지 않은 일이다. 말의 속도가 빛의 속도가 된 요즘에는 그 파장의 크기를 가늠하기조차 힘들다. 뱉어진 말과 글은 오랫동안 저장되고 언제든 소환된다. 애초의 뜻과 의미는 부풀리고 일그러져 수많은 말의 길을 따라 돌아다닌다. 말이 자신에게 화를 미치는 부메랑이 되어 돌아오는 경우가 허다하다. 이럴 때일수록 내면의 원칙을 세워야 한다고, 남한산성을 돌아 나오며 다짐했다. 하지만 생각은 숲 너머까지 나아가지 못하고 멀리 도시의 휘황찬란한 불빛과 물안개 속으로 잠겨갔다.

뇌가 섹시한 중년

따
뜻
함

신인류가 잃어가는 것

오가는 말에 필요한 온도

『언어의 온도』가 교보문고, 예스24, 알라딘 등 서점가에서 오랫동안 상위권을 유지했다. 이 책은 2017년 8월에 출간되었는데, 나오자마자 많은 독자의 선택을 받았다. 그 당시 인터넷에서 열기를 확인하고 세종 교보문고 베스트셀러 코너에 있는 책을 직접 살펴봤다.

읽고 싶은 마음이 별로 생기지 않았다. 우선 글의 호흡이 짧았다. 개인적으로 호흡이 긴 글을 좋아하는데, 짤막한 글이라 구미가 당기지 않았다. 책의 크기도 작고, 전체 내용도 많지 않다. 소제목에 따른 글이 길어야 서너 페이지 정도다. 한두 페이지로 끝나는 글도 더러 있다. 글도 전문적인 내용이 아니라 자전적 에세이다. 저자가 살면서 느끼고 생각했던 부분을 쓴 글이다. 편하게 읽히기는 하지만 남는 게 없을 것 같다고 생각했다.

결국엔 이 책을 사서 읽었다. 나 자신이 책 출판을 염두에 두고 있어서 도대체 이 책이 왜 그렇게 많은 독자의 사랑을 받는지 궁금해서다. 책을 사서 작은딸에게 주면서 한번 읽어 보라고 했다. "읽기 편해요." 딸의 반응이다. 책을 따로 사서 읽어 본 큰아이 의견도 마찬가지였다. 읽기 편하고 쉽고, 부담이 없어서 좋다고 한다. 내가 처음 이 책을 사지 않은 이유가 오히려 이 책이 베스트셀러가 된 이유다. 좋은 글은 편하게 읽히고 부담이 없다는데 이 책이 그렇다.

이 책은 크게 세 부분으로 나뉜다. 말, 글, 행(行). 말도 글도 그리고 우리가 하는 크고 작은 행위들도 하나의 언어가 된다는 거다. 다른 사람과 소통하는 도구이다. 이 소통의 도구에는 온도가 존재하는데 때론 차갑고, 때론 따뜻하다. 말을 하거나 글을 쓰는 이쪽에서 나가는 온도가 있고, 그것과 같게 또는 다르게 받아들이는 또 다른 쪽의 온도가 있다. 들고나는 곳에서 온도 차이가 많이 나면 말과 글이 원래 의도했던 기능을 제대로 수행하기 힘들다. 소통이 제대로 되지 않고 삐걱거리게 된다. 차가운 말이 나갔는데 따뜻한 말이 되돌아올 때보다, 따뜻한 말이 나갔는데 차가운 언어가 되돌아올 때가 더 문제다. 차가운 언어끼리 부딪치면 갈등이 생기고 상처가 나고, 따뜻한 말이 오가면 사람 사이에 미소가 생긴다.

말과 글이 쏟아지는 세상

우리는 늘 무엇을 말하느냐에 정신이 팔린 채 살아간다. 하지만 어떤 말을 하느냐보다 어떻게 말하느냐가 중요하고, 어떻게 말하느냐보다 어떤 말을 하지 않느냐가 더 중요한 법이다. 입을 닫는 법을 배우지 않고서는 잘 말할 수 없는지도 모른다(p.30).

말과 글이 난무하는 시대다. SNS가 발달하면서 누구나 말과 글을 쉽게, 그리고 많이 쏟아낸다. 저마다 자신의 의견과 주장을 펼치기에 바쁘다. 자신의 의견에 '좋아요'와 '공감'을 받으면 자기 의견이 옳다고 생각하기 쉽지만, 진영 논리에 갇히면 동굴이 된다. 반대 의견을 쉽게 받아들이지 못하고 반박에 반박이 오간다. 반대는 쉽게 비난으로 변질하고, 논의는 처음 문제에서 벗어나 사람으로 향한다.

얼굴 없는 구경꾼은 싸움이 격해지도록 손뼉을 치며 부채질한다. 자칫 한눈을 팔다가 논의 중심에서 벗어나 버릴까 봐 지켜보는 이들도 전전긍긍한다. 언론이 관심을 가지면 승리의 미소를 짓는 이도 있고, 회복할 수 없는 상처를 입는 이도 생긴다. 말과 글이 비수가 되어 세상을 날아다닌다.

이렇게 말과 글들이 난무하다 보니 방향성을 갖지 못한다. 내가 하는 말은 원래 의도했던 방향성을 가지고 누군가에게 닿아야 한다. 그래야 내 생각이 그에게 제대로 전해지는 것이다. 따뜻한 내용의 말을 너무 차갑게 뱉어버리면 상대방의 마음으로 들어가지 못한다. 오히려 튕겨져 또 다른 누군가에게 잘못 닿는다. 어쩌면 얼굴을 마주하지 않는 대화가 말하는 사람과 듣는 사람의 온도를 전혀 감지하지 못하기 때문에 그럴지도 모르겠다.

뇌가 섹시한 중년

무수한 말이 쏟아져 나오는 방콕 롯빠이 야시장

　언젠가 뉴스에서 직장인들이 회식하는 장면을 카메라로 모니터한 내용을 방영한 적이 있었다. 상차림이 되어 있는 양편으로 앉은 사람들은, 처음에는 한두 사람의 말에 전체가 집중한다. 인사말을 하고 건배사가 이어진다. 그것도 잠시, 30분도 채 되지 않아서 분위기가 바뀐다. 이제는 누군가 1인이 이야기를 할 수 있는 상황이 아니다. 한 테이블에 앉은 서너 명의 사람들끼리 대화를 나눈다. 이 정도 상황이 되면 옆 사람의 말을 제대로 알아듣기도 쉽지 않다. 그러나 다행인지 불행인지 그다음부터는 모든 사람이 바로 옆 사람하고만 대화한다. 목소리는 점점 높아지고, 그럴수록 더욱 알아듣기는 힘들어진다. 아이러니한 것은 듣는 사람보다는 말하는 사람이 더 많다는 사실이다. 듣지 않고 서로 말한다. 처음부터 다른 사람의 말에는 관심이 없는 것이었는지도 모른다. 그냥 내가 하고 싶은 말을 마구 쏟아낼 뿐이다.

대화를 위해서, 소통을 위해서는 자기 생각과 의견을 정확히 표현하고 전달하기에 앞서 듣는 것이 중요하다. 대화는 말이나 글을 주고받는 것이다. 우린 너무 주는 것에만, 내 것을 표현하고 전달하는 것에만 집중한다. 그렇게 되면 상대방을 놓친다. 그 사람의 처지와 생각을 이해하고 공감하기 힘들다. 말과 글을 통해 서로 다른 부분에 대한 합의점을 찾아가고, 각자가 가진 삶의 고유한 영역을 인정하는 법을 배워야 한다. 그렇지 못하면 갈등이 증폭된다.

오히려 입을 닫고 가만히 다른 사람의 이야기에 집중하고 있을 때가 바로, 우리 언어의 온도가 가장 적정한 시점이 아닐까?

진정한 위로는 함께 맞는 비

위로의 표현은 잘 익은 언어를 적정한 온도로 전달할 때 효능을 발휘한다. 짧은 생각과 설익은 말로 건네는 위로는 필시 부작용을 낳는다(p.69).

흔히들, 즐거움은 나누면 배가 되고, 슬픔은 나누면 반으로 줄어든다고 한다. 가족이나 가까운 사람에게 즐거움이 생기면 주변의 사람들이 모두 즐거워진다. 긍정적이고 밝은 에너지가 퍼지는 것이다. 그래서 즐거움은 나누면 배가 된다. 반면에 힘들고 고통스러운 일은 혼자서 감당할수록 더 커지고 힘들어진다. 다른 사람에게 이야기만 할 수 있어도 어떤 고통은 견딜만해 진다. 관혼상제의 불편과 불합리함이 없지는 않지만, 오랫동안 그런 전통이 이어져 온 것은 아마도, 즐거움을 나누고 고통을 줄이고자 하는 마음의 진화 과정이지 않을까.

'돕는다는 것은 우산을 들어주는 것이 아니라 함께 비를 맞는 것입니다.' 신영복 선생이 생전에 자주 쓰던 글귀다. 비를 맞는 사람에게 우산을 씌워주는 것보다 함께 비를 맞는 것이 더 큰 위로가 된다고 했다. 그 말의 의미는 그 사람의 처지를 생각해서 어설픈 위로의 말을 던질 게 아니라 그 사람과 진정으로 같은 처지에 설 수 있어야 위로가 된다는 의미다. 그래서 선생은 머리 좋은 것은 가슴 좋은 것만 못하고, 가슴 좋은 것은 손 좋은 것만 못하고, 손 좋은 것은 발좋은 것만 못하다고 했나 보다. 머리는 관찰, 가슴은 공감, 손은 연대, 발은 입장의 동일함이라는 데, 같은 입장에 서 보는 것이 사람을 이해하는 가장 좋은 방법이라는 말이다.

오래전 최초의 인류는 혼자 살아가는 것보다는 여러 사람이 모여 함께 살아가는 것이 생존에 더 유리하다는 걸 알았다. 인간보다 신체적 조건이 뛰어난 다른 여타의 동물들로부터 자신과 가족을 보호하기 위해서 말이다. 그러면서 인간은 더불어 살고, 함께 살아가는 법을 배웠다. 다른 사람과 더불어 살면서 즐거움은 나누고 아픔에는 공감하는 것이 필요함을 배웠다. 그것이 인간의 '마음'에 무늬로 새겨져서 수만 년의 세월을 거쳐 현재의 인류에게로 왔다.

스티브 핑거는 『마음은 어떻게 작동하는가』(2007, 동녘사이언스)를 통해 인간의 마음은 다른 사람을 이해하고 정복하는 과정에서 직면했던 문제들을 해결하기 위해 설계된 기관들의 연산 체계라고 했다.

현대의 신인류는 그 마음 체계를 또 다르게 진화시키고 있는지도 모른다. 즐거움은 시기하고 슬픔은 외면하는 방향으로 말이다.

내 말이 맞아, 네가 그렇게 생각하는 건 바보 같은 거야.
너만 잘났어?, 부모 잘 만나서 그렇지. 운이 좋았던 것뿐이야.
운이 없어서 그래, 미리 조심하지 않고 왜 그랬어?, 어쩔 수 없는 일이야.

신인류는 다른 사람의 감정에 공감하는 법을 조금씩 잃어가고 있다. 수백만 년 동안 진화 시켜 온 인간만이 가진, 인간 생존에 필수적이었던 것을 놓치고 있다. 그것을 되찾기 위해서 필요한 것이 '언어의 적정한 온도'가 아닐까. 이제는 그 적정한 온도를 되찾을 때다. 이전 세대와 다음 세대를 잇는 중년이 나서야 할 일이다. .

(詩)

다시 읽는 시

중년에 다가오는 시

김사인의 『시를 어루만지다』(도서출판 b, 2013)는 좋은 시를 소개하고, 무슨 의미를 담고 있는지 설명해 준다. 이 책은 시를 좋아하지만 즐기지 못하는 사람에게 시는 이런 것이라고 하나하나 친절히 알려준다. 시 공부가 약한 사람에게는 이런 책이 시와 가까이하기에 더 좋다. 시인의 설명을 따라가다 보면, 시를 쓴 시인의 마음도 알게 되어 시가 다시 보이게 된다.

책에는 이미 알고 있던 시들이 많다. 학창시절에 열심히 외운 것도 있고, 살면서 알게 된 것도 있다. 같은 시라도 읽을 때마다 느낌이 다르다. 더구나 오랜 시차를 두고 다시 접하게 되면 마음이 가고 공감이 되는 시들이 더 많아진다. 시도 사람 살이 마냥 한 번 보고 스쳐 지나가는 인연보다는 두 번 세 번, 보고 또 보면 미운 정 고운 정이 든다. 세월이 한참 지나서 다시 만난 시는 삶의 경험과 흔적이 시와 겹쳐지면서 새로운 얼굴로 다가온다. 설령 시에 대한 이해를 다

뇌가 섹시한 중년

하지 못한다 하더라도 세상살이의 눈이 깊어졌으니 시를 읽는 깊이도 따라 깊어진다.

김사인도 말한다.

좋은 시를 만나면 우리는 차라리 그 시속에 들어가 먹고 자면서 한 두어 달쯤 살다가 나왔으면 한다. 그런 가운데 세상살이를 보는 우리 눈이 좀 더 깊고 그윽해질 터이다.

시를 읽을 때는 마음을 열고 공경하라고 한다. 인간에 대한 겸허와 공경, 풀과 들, 나무, 벌레들에 대한 공경, 그리고 자신에 대한 공경하는 마음을 가져야 시를 진정으로 만날 수 있다는 것이다. 인생을 4~50년 살았으니, 이젠 좀 여유를 가지고 세상 모든 것에 대해 마음을 열 수 있을 것도 같다. 중년에게 시는 또 다른 모습으로 다가온다.

자신을 돌아보다

〈힘〉

박시교

꽃 같은 시절이야 누구나 가진 추억
그러나 내게는 상처도 보석이다

살면서 부대끼고 베인 아픈 흉터 몇 개

밑줄 쳐 새겨 둔 듯한 어제의 그 흔적들이

어쩌면 오늘을 사는 힘인지도 모른다

몇 군데 옹이를 박은 소나무의 푸름처럼

좋았던 시절만이 아니라 아팠던 시절도 의미 있는 것. 상처도, 흉터
도, 어제의 그 흔적들이 오늘을 사는 힘이 된다고 시인은 말한다. '옹
이'가 굳은살의 비유로 쓰인다는 걸 안다면, 옹이를 박은 소나무가 무
엇을 뜻할지 아는 것은 어렵지 않다. 말랑말랑한 어제는 위험하다.
이 또한 지나갈 테니까. 굳은살 박힌 어제 덕택에 오늘을 산다.

- 『그대를 듣는다』(휴머니스트, 2017) -

이 시에 대한 정재찬의 해석이다. 시인은 긴 시간을 견뎌 온 상처
가 보석이며 어쩌면 오늘을 사는 힘인지도 모른다고 한다. 되돌아보
면 힘들었던 일도 다 추억이라는 말도 있으니 그럴지도 모르겠다.

중년은 자주 자신을 돌아보게 된다. 자식이 커 가는 걸 보면서 자
신의 그 시절을 떠올린다. 많이 변한 세상에서, 예전보다 좋아진 세
상에서 지금의 아이들은 어려움을 모르고 살아가는 게 아닌가 싶
다. 큰 어려움 없이 자라는 아이들이 다행스럽게 생각되다가도 스스
로 이겨내는 힘을 갖지 못하면 어쩌나 걱정도 된다. 직장의 후배들
을 보면서 힘들었던 지난 시간을 다시 생각한다. 그때에 비하면 지
금은 참 호시절이다. 그런데도 그들은 쉽게 상처받고 아프다고 한다.

뇌가 섹시한 중년

경북 울진에 있는 옹이를 간직한 금강송

그들이 너무 나약한 걸까, 달라진 세상에 사람의 체감도 달라진 탓일까. 너무 말랑말랑한 현재를 사는 것 같아 걱정이다.

그러면서 자신의 내밀한 흉터를 들춰본다. 잘 아문 상처도 있고, 여전히 아픈 곳도 있다. 몸 부대끼며 사는 남편이나 아내에게도 말하지 않은 상처다. 시인의 말처럼 상처가 옹이가 되어 내일을 살아가는 힘이 되면 좋으련만 여전히 아프다. 나약한 게 아니라 사람이니까 그렇다. 그때나 지금이나 아픔의 크기는 달라지지 않았다. 잘 이겨내기도 했지만, 봄철 꽃가루 알레르기처럼 때가 되면 찾아오는 고통에 힘들어도 한다. 시간이 지나면 좀 더 아물긴 하겠지만, 더 많은 시간이 지나야 아물 것 같은 아픔도 있다. 아니, 어쩌면 영원히 사라지지 않을 고통일지도 모른다. 그래도 중년은 견디며 산다. 이겨 온 것에서 용기와 힘을 얻고, 사라지지 않는 아픔을 어루만지며 살아온 날을 반추한다. 시를 읽으면, 나를 여러 번 돌아보게 된다.

위로를 얻다

〈삶이 그대를 속일지라도〉

푸시킨

삶이 그대를 속일지라도
슬퍼하거나 노여워 말라
슬픈 날을 참고 견디면
기쁜 날이 오리니.

마음은 미래에 살고
현재는 언제나 슬픈 법

모든 것은 순식간에 지나가고
지나간 것은 다시 그리워지나니.

중고등학교 시절에 그 의미도 잘 모르면서 외우던 기억이 난다. '삶이 그대를 속일지라도'라는 제목이 뭔가 그럴싸하기도 하고, 이런 시를 암송하면 뭔가 폼이 좀 난다는 생각이 들기도 했다. 친구가 어떤 문제로 고민하고 괴로워하고 있을 때면, '삶이 그대를 속일지라도 슬퍼하거나 노여워 말라~'는 한 구절 읊어주면서 너무 괴로워하지 말라고 충고 아닌 충고를 하기도 했다.

1825년에 발표된 오래된 시이고, 우리에게 익숙하지 않은 러시아 시인의 시임에도 그 시절에 동네 이발소며 식당 등에 간간이 붙어 있는 걸 보면 이 시에 공감하는 사람이 많았다는 뜻이겠다.

한 편의 시가, 단 한 줄의 시가 그렇게 사람의 마음을 위로한다. '삶이 그대를 속일지라도 / 슬퍼하거나 노여워 말라'. 내 삶이 힘든 것은 내가 부족해서가 아니다. 나는 열심히 살아왔고 노력했지만, 삶이 나를 속이는 것이다. 그러니 마음 아파하고 괴로워하지 않아도 된다. '슬픈 날을 참고 견디면 / 기쁜 날이 오리니'. 내 탓이라고 괴로워하지 말고, 이런 날을 조금 견디다 보면 좋은 날이 반드시 올 것이다. 현재는 늘 슬프고 불만족스러운 것이지만, 모든 것이 다 지나갈 것이다. 시간이 지나고 나면 이 힘들고 슬픈 시절도 그리움이 될 것이라고 한다. '그래 내 잘못이 아니야. 나는 나름대로 노력하고 살았어. 이제 겨우 인생의 절반이니 조금만 참고 견뎌보자.' 이렇게 자신을 위로하면서 인생의 후반전을 위해 파이팅을 외칠 수 있는 거다. 시를 읽으면, 위로가 된다.

깨달음이 찾아오다

〈Otherwise / 그렇게 못할 수도〉

제인 케니언(Jane Kenyon, 1947~1995)

건강한 두 다리로 침대에서 일어났다.

그렇게 못할 수도 있었다.

시리얼, 신선한 우유와 잘 익은 복숭아를 먹었다.

그렇게 못할 수도 있었다.

개를 데리고 자작나무 숲 언덕에 산책을 갔다.

아침 내내 내가 좋아하는 일을 하고

오후에는 연인과 함께 누워 있었다.

그렇게 못할 수도 있었다.

우리는 은촛대가 놓인 식탁에서 함께 저녁을 먹었다.

그렇게 못할 수도 있었다.

벽에 그림이 걸려 있는 방에서 잠을 자며

오늘 같은 또 다른 날을 꿈꿨다.

하지만 나는 안다,

언젠가는 그렇게 할 수 없다는 것을.

I got out of bed

on two strong legs.

It might have been

otherwise. I ate

cereal, sweet

milk, ripe, flawless

peach. It might

have been otherwise.

I took the dog uphill

to the birch wood.

All morning I did

the work I love.

At noon I lay down

with my mate. It might

have been otherwise.

We ate dinner together

at a table with silver

candlesticks. It might

have been otherwise.

I slept in a bed

in a room with paintings

on the walls, and

planned another day

just like this day.

But one day, I know,

it will be otherwise.

나이 마흔이 한참이나 넘은 나를 그냥 '철아~'라고 부르는 선배가 있었다. 아직 육십도 되지 않은 한창나이에 세상을 떠나셨다. 스트레스를 많이 받아 예전에 좋지 않았던 곳이 재발했다고 한다. 그 선배는 창의성 교육연구회 활동도 같이했고, 교육청에서 장학사로 같은 부서에서 근무도 했다. 선배는 장학사 시험에도 남들보다 이른 시기에 합격하고, 교감도 동기들보다 빠르게 되었는데도 교장 발령이 늦어져서 마음고생을 많이 했다. 뒤돌아 생각해보면 교장 승진 좀 일찍 되는 것이나, 조금 늦어지나 혹은 교장이 안 되더라도 별것 아닌 인생인데 그땐 어쩔 수 없었던 모양이다. 막상 교장이 되고서도 뭔가에 쫓기듯이 바쁘게 사셨다. 몸이 아프면서도 남에게 약한 모습 보이기 싫다고, 아픈 사람이라는 소리 듣기 싫다고 치료도 제대로 받지 않았다. 미련 곰탱이 같은 선배다. 홀쩍 떠나 버린 그 선배를 보면서 세상일이 참 부질없다는 생각이 들었다.

선배도 병상에 누워서 아마도 참 많은 후회를 했을 터다. '뭐 하러 이렇게 달려왔을까, 내가 지금 가진 것은 뭔가, 다 부질없구나. 다시

뇌가 섹시한 중년

일어난다면 이렇게는 살지 않으리' 그런 생각을 하지 않았을까? 아침마다 침대에서 건강하게 일어나기, 빵 한 조각과 커피 한 잔으로 감사하며 아침 먹기, 천천히 동네 한 바퀴 산책하기, 오늘과 똑같은 내일을 기약하며 잠자리에 들기. 시시한 일상이지만 몸이 아프면 할 수 없는 일이다. 좀 더 일찍, 건강할 때 깨닫지 못할까. 조금만 지나면 알게 되면서도 남과 비교하며 매일 부러워하고 지면서 산다. 부러우면 지는 거라는 데도 매일 그러고 산다. 더 많이 가진 사람에게 지고, 더 빨리 승진하는 사람에게 지고, 더 넓은 아파트에 사는 사람에게 진다. 제인 케니언의 시를 다시 읽어 본다. 이제야 그 작고 소소한 것이 소중하다는 걸 깨닫게 된다.

다름을 알다

대학 동기 밴드에서 논란이 있었다. 교육부에서 예고한 교장공모제 확대 관련 문제였다. 전교조 지부장을 하는 동기가 어느 중등 사립학교 교사가 쓴 글이라며 올린 글에 대해 동기들이 댓글을 달면서 분위기가 험악해졌다. 서로의 입장이 달랐다. 지부장을 하는 동기는 교장공모제 확대에 찬성하는 입장이고 밴드에 글을 남기고 댓글을 다는 동기들은 교감으로 승진하고 교장을 기다리는 처지라 공모제 확대에 반대하는 입장이다.

서로가 다르다는 것, 다를 수 있다는 것을 뻔히 알면서도 서로가 커다란 벽을 두고 마주 선다. 댓글이 늘어나면서 교장공모제의 확대에 따른 이야기가 이성적인 논의와는 점점 멀어졌다. 글과 또 다른 글에 대한 감정적인 대응이 이어졌다. 서로의 입장을 이해하기보다는 자기 이야기만 했다. '왜 너는 나를 이해하지 못하지?' 너와 나는 다르구나가 아니라 나는 옳고 너는 틀렸다고 말하기 시작했다. 한참을 지켜본 후에 좀 비겁하게도 마크햄의 시로 댓글을 달았다.

〈Outwitted/원〉

에드윈 마크햄(Edwin Markham, 1852~1940)

He drew a circle that shut me out —

그는 원을 그린 후, 나를 밖으로 밀어냈다.

Heretic, rebel, a thing to flout.

나에게 온갖 비난을 퍼부으면서.

But Love and I had the wit to win:

그러나 나에게는 사랑과 극복할 수 있는 지혜가 있었다.

We drew a circle that took him in!

우리는 그를 안으로 품을 수 있는 더 큰 원을 그렸다.

우리는 지금 자기 주위에 동그라미를 그리고서 나와 생각이 다르거나 나의 편을 지지하지 않는 사람들을 비난하는 시대에 살고 있다. 보수와 진보, 자유와 평등, 정규직과 비정규직, 공정과 정의를 어

뇌가 섹시한 중년

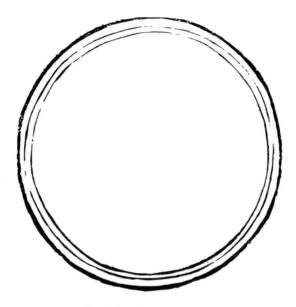

동그라미를 더 크고 엷게 그리자

떻게 바라보느냐에 따라 편가르기를 일삼는다. 같은 동그라미 안에
서도 조금 다른 말을 하는 사람을 여지없이 밖으로 내동댕이친다.
생각을 숨기고 말을 아끼는 미덕을 열심히 발휘해야 하는가? 동그라
미를 더 크게 그려서 다른 생각과 의견이 부딪치며 새로운 생각으로
나아가도록 할 수는 없을까?

　중년에 시를 다시 읽으면 시가 다르게 다가온다. 예전에 알고 느꼈
던 것이 새로운 모습으로 내게로 온다. 시를 읽으며 자신을 돌아보
게도 된다. 그러면서 때때로 찾아오는 아픔에 위로를 받는다. 단어
와 문장 사이에 숨어있던, 이전에는 알지 못했던 깨달음이 문득 내

게로 온다. 그리고 살아갈 시간을 위한 지혜를 얻는다.

시가 말하는 꽃과 바람, 태양과 파도, 사랑과 헤어짐 속에서 '사람'을 읽는다. 깨달음이 너무 늦지 않도록 툭 하고 나의 어깨를 치고 간다. 지금 다시 읽는 시는 그렇게 우리에게 다가온다.

뇌가 섹시한 중년

아날로그

(Analog)

몸에 새겨진 기억

레코드판의 느릿한 추억

턴테이블 위에 올려놓은 레코드판이 빙글빙글 돌아간다. 영국의
록 그룹 스모키(Smokie)의 대표곡 중의 하나인 Living next door to
Alice(1967)의 애절한 구절이 흐른다.

> Sally called, when she got the word
> 샐리가 소식을 듣고 전화했어요
> She said "I suppose you've heard about Alice"
> "당신도 앨리스 얘기 들었죠?" 이렇게 말하더군요
> Well, I rushed to the window, and I looked outside
> 창문으로 달려가서 밖을 내다봤어요
> And I could hardly believe my eyes
> 내 눈을 믿을 수가 없었죠
> This big limousine pulled slowly into Alice's drive
> 커다란 리무진이 앨리스네 집으로 들어오고 있었어요

뇌가 섹시한 중년

그룹의 리드 보컬 크리스 노먼의 걸쭉하고 허스키한 목소리와 딱 어울리는 노래다. 판이 돌아가면서 찌지직거리는 소리도 난다. 레코드판 특유의 긁히는 소리인데, 잘 관리한다고 해도 시간이 지나면 이런 소음이 섞여든다. 허스키 보이스에 슬쩍 끼어든 찌지직거림은 귀에 거슬리는 게 아니라 정겹다. 사실 이 맛에 레코드판으로 음악을 듣는 게 아닌가.

예전에 음악다방에서 음악을 좀 아는 듯이 무게 잡고 앉아 있을 때 생각도 나고, 한참 레코드판에 관심을 가졌던 시절, 부산 국제시장 레코드 가게에서 불법 복제된 레코드판('백 판'이라고 불렸음)을 사러 다니던 추억도 떠오른다. 옆집에 살던 앨리스는 나의 사랑 고백도 받지 못하고 속절없이 떠나갔지만, 음악에 실린 옛 추억은 빙글빙글 느린 속도로 다가온다.

1980년대 말에는 소니나 파나소닉 워크맨 하나 가지고 있으면 세상 부러울 게 없던 시절이었다. 한 손에 워크맨을 들고 귀에는 이어폰을 꽂고 음악을 듣는 모습은 멋짐 그 자체였다. 하지만 그것도 잠시, 곧이어 CD 플레이어가 나오면서 용량이나 음질 면에서 워크맨은 상대가 되지 않았다. 그즈음에 턴테이블을 갖춘 커다란 전축도, 레코드판도, 담배 연기 자욱한 음악다방도 사라져 갔다. 아이폰 등 모바일 기기가 나오고서는 CD도 옛 추억이 되어버렸다. 90년대 초반 직원 수만 60명이 넘었던 서라벌 레코드사는 하루에 10대의 프레스로 6,000장의 LP(Long Playing)를 찍어냈다. 그러던 것이 1997년

에는 회사가 문을 닫게 된다. 세상의 변화와 디지털의 공세를 이겨
낼 수 없었다.

그런데 최근에 레코드판이 다시 인기를 끌기 시작했다. 레코드판
을 찍어내는 회사도 다시 가동을 시작했다고 한다. 이젠 인터넷 서
점이나 전문 쇼핑몰에서도 원하는 레코드판을 살 수 있다. 최근 신
문에 1980년대 CD, 1990년대 MP3의 등장으로 사멸 위기에 내몰렸
던 LP의 회복세가 두드러지고 있다는 소식이 전해지기도 했다. 카
라얀의 마지막 음반인 브루크너 교향곡 7번과 바이올리니스트 정경
화의 소품집, 메조소프라노 아그네스 발차의 그리스 민요 모음 등
1980년대의 LP 명연(名演) 음반 5종을 국내 음반사인 씨앤엘뮤직과
유니버설 뮤직 코리아가 함께 내놓았다고 한다. LP 음반 발매가 중

스모키의 오리지널과 부산국제시장에서 판매 하던 일명'백 판'

뇌가 섹시한 중년

단되고 귀해지면서 음반의 가격이 몇십만 원에서 많게는 수백만 원 대에 거래되고 있는 현실에서 새 음반의 출시는 음악을 사랑하는 사람들에게는 단비 같은 소식이 아닐 수 없다. 출시된 정경화의 소품집은 보름 만에 500장이 모두 팔렸다고 한다. 유행이 돌고 돈다는데 이것 역시 그런가? LP의 부활은 무슨 의미일까?

종이책은 오감을 자극한다

아이디어가 떠오를 때 바로 글을 쓸 수 있겠다 싶어서 아이패드를 샀다. 책을 읽으면서 관련된 기사나 동영상 자료를 찾아보기도 하고, 들고 다니면서 아무 곳에서나 글을 쉽게 쓸 수 있겠다 싶었다. 시간이 지나면서 의도했던 글을 쓰는 데 사용하기보다는 오히려 이런저런 불필요한 일에 시간을 많이 뺏기고 있다. 별로 재미도 없는 유튜브 동영상을 보며 한참이나 시간을 보낸다. 책을 읽으면서도 무음으로 야구 중계도 켜 놓고는 응원하는 팀의 스코어를 계속 확인한다. 광고 메일도 일일이 다 보고 지우는 착한 고객이 된다. 고맙다는 듯이 광고 메일이 더 많이 온다. 아이패드를 갖게 된 이후의 현상이다. 처음 의도했던 글을 쓰기는커녕 책 읽는 시간마저 줄어 버렸다.

차라리 전자책을 사서 책을 읽는 게 낫겠다 싶어 전자책을 다운로드했다. 아이패드에 거의 무제한으로 담을 수 있고, 언제든 읽고 싶은 책, 찾아보고 싶은 책을 볼 수 있어 좋다. 출장을 갈 때도 무거운 책을 가져가지 않아도 되고, 표시해 둔 부분도 쉽게 검색할 수 있다. 종이책보다 가격도 저렴하다. 그런데 이렇게 좋은 점이 몸에 착 감기지가 않는다. 인터넷 기사는 잘 읽히는데, 전자책은 잘 읽히지 않는다. 읽은 내용이 머릿속에서 제대로 자리를 잡지 못한다. 종이책을 읽는다고 해서 다 머릿속으로 들어오는 건 아니지만 전자책의 내용은 종이책보다 휘발성이 강하다. 종이책을 읽을 때는 여기저기 밑줄도 긋고, 라벨도 붙이고, 메모도 하는 등 눈뿐만 아니라 손의 노동도 함께하기 때문인지도 모르겠다.

종이책을 좋아하는 이유는 또 있다. 책을 주문하고 내 집으로 배송되기까지의 기다림이다. 책을 포장한 종이박스의 묵직한 무게감도 좋고, 포장지를 열어 어떤 책이 내 집으로 왔는지 살펴보는 그 순간의 설렘도 좋다. 어떤 책은 생각보다 너무 두꺼워 언제 다 읽지 싶어 지레 겁을 먹기도 하고, 어떤 책은 깜찍하고 예뻐서 그냥 가지고 있는 것만으로도 기분이 좋아진다. 책을 손에 쥐고 좌르르 낱장을 빠르게 넘길 때의 느낌은 종이책만이 주는 즐거움이다. 표지의 매끄러운 감촉과 옅은 기름 냄새는 또 어떤가? 다 읽은 책, 읽다가 잠시 접어둔 책, 내 손길을 기다리는 책이 서재의 책장에 저마다의 모습으로 자리를 잡아 가는 걸 직접 눈으로 매일 확인할 수 있는 것도 종이책이 주는 매력이다. 종이책은 이렇게 오감을 자극한다.

뇌가 섹시한 중년

전통시장에는 사람 냄새가 난다

최근에 서재에 있는 의자를 좀 더 편안한 것으로 바꾸고 싶어 인터넷으로 구매했다. 여러 쇼핑몰을 돌아보고 가격 비교도 해 보고, 상품평도 꼼꼼히 챙겨 읽고 최선의 결정을 했는데, 결국 반품했다. 반송하는데 드는 택배비 몇만 원에 속이 쓰리긴 했지만, 막상 실물을 받아 보니 오랫동안 쓰기에는 불편한 점이 있어 어쩔 수 없었다. 사기 전에 직접 앉아보면서 점검을 해 봤으면 반품하는 일이 생기지 않았겠지만, 앉아보니 불편해서 돌려보냈다.

인터넷 쇼핑몰을 이용하면 시간 절약, 가격 비교 등 좋은 점이 많다. 하지만 반품하는 경우가 종종 생긴다. 특히 직접 입어보거나 만져보고 사야 하는 물건일 경우가 그렇다. 인터넷으로 옷을 사서 입어보면 사진이나 방송으로 보던 것과 차이가 나는 경우가 많다. 색상이나 질감이 생각했던 것과 다르기도 하고, 입었을 때 불편한 경우도 종종 있다. 같은 크기의 치수라고 해도 만든 업체가 다를 경우에는 서로 차이가 난다. 화면으로만 보고 결정하는 데서 오는 어쩔 수 없는 한계다.

그래서일까, 백화점 등 대형 오프라인 쇼핑몰과 전통시장이 여전히 건재한 이유가? 이런 곳에 가면 만져 보고, 입어보고, 맛보며 오감을 통해 제품을 선택할 수 있다. 대신 이곳저곳을 한참 걸어 다녀야 하니 시간이 오래 걸리고 힘들다. 백화점이나 시장에 가는 아내를 따라나서고 싶어 하지 않는 남편의 이유이기도 하다.

사람 냄새가 물씬 묻어나는 수원 영동시장

　12월의 어느 주말에 수원 화성 구경을 하러 갔다가 근처의 수원
영동시장, 지동시장, 미나리광시장 등 여러 전통시장이 몰려 있는 곳
을 둘러봤다. 시장은 길거리 상인, 맛집 앞에 줄 선 사람, 점심 봉사
활동을 하는 사람, 시장 골목을 누비며 쇼핑에 여념 없는 사람, 볕
좋은 곳에 앉아 겨울의 느릿한 하루를 즐기는 사람으로 분주했다.
아직 봄이 완연히 오기 전인데도 그곳은 사람의 온기가 가득했다.
빵 굽는 냄새, 고기 굽는 냄새, 끓는 기름 냄새, 그리고 사람과 사람
이 부대끼는 소리. 시장은 그곳을 찾는 사람의 눈과 코를 끊임없이
자극한다.

아날로그도 괜찮아

스마트폰에서 언제든지 원하는 음악을 들을 수 있는데도 불구하고, 굳이 레코드판, 턴테이블과 앰프, 스피커까지 공간을 많이 차지하고 비용도 많이 드는 불합리한 행동을 하는 이유는 무엇일까? 게다가 음질의 차이는 나는데도 말이다. 그건 아마도 자기 선택의 느낌 때문이 아닐까? 자기가 원하는 음악을 몸의 수고로움을 거쳐 자신이 선택해서 듣는다는 느낌을 즐기는 것이다. 그렇게 함으로써 음악을 완전히 자기가 소유했다는 느낌이 들 수 있으니까. 반면에 스트리밍 서비스는 나의 선택이라기보다는 기계가 자동적으로 선택해서 나에게 들려주는 음악이다. 편리하지만 차별성이 없는 것에 싫증을 느낀 사람들이 스스로 번거로움을 택하고 있다.

뉴스도 마찬가지다. 한때는 저녁 9시가 되면 뉴스를 보기 위해서 텔레비전 앞에 모였지만 지금은 그럴 필요가 없다. 휴대폰만 있으면 실시간으로 뉴스를 볼 수 있을 뿐만 아니라 지나간 뉴스도 언제 어디서든 검색과 시청이 가능하다. 아침 일찍 배달되는 종이신문이 완전히 사라지지는 않았지만, 이젠 모든 종류의 신문이 손바닥 위에 있다. 이런 세상에서 종이신문과 종이책이 끝까지 살아남을 수 있을까? 사실 인터넷 신문과 전자책이 나올 때만 해도 곧이어 종이도 사라질 것으로 예상하는 사람이 많았다. 하지만 현실은 그렇지 않다. 2017년 CNN은 전자책 판매는 감소하고 종이책 판매가 오히려 증가하고 있다는 사실을 보도했다. 한겨레 신문은 '2016년 영국의 전자

책 판매는 17% 감소, 종이책은 7% 증가(영국출판인협회)했고, 미국의 지난해 1월부터 9월까지 도서 판매에서 전자책 매출은 18.7% 감소, 종이책은 7.5% 증가한 것으로 나타났다(미국출판협회)고 전했다. 모두의 예상과는 달리 종이의 선전이 강하다.

어쩌면 디지털 테크놀로지를 신봉하는 사람이 예상하는 것보다는 종이책과 종이신문이 오래 살아남을 것이다. 아니 절대로 없어지지 않을 것 같다. 종이 특유의 그 느낌을 사랑하는 사람이 영원히 존재할 테니까. 삐뚤삐뚤 그어진 밑줄과 여기저기 여백에 남겨진 메모를 여전히 사랑할 것이고, 습기 담은 오래된 책의 냄새와 누런 손때도 누군가는 좋아할 테니까. 이른 아침 집으로 배달되는 신문을 펼치는 그 느낌과 밤새 윤전기를 돌아 나온 활자에 베인 냄새를 그리워하는 사람이 존재할 테니까.

시장에는 우리가 사거나 소비하고자 하는 물건만 있는 게 아니다. 그곳에는 다양한 사람이 있고, 사람과 사람의 만남이 있고, 서로가 느끼는 정(情)이 있다. 사람 간의 부대낌으로 인해 소리와 냄새와 촉감이 생겨난다. 오감을 통한 육체적인 즐거움이 재래시장에는 있다. 그러니 사람들이 그곳에 간다. 파코 언더힐이 『쇼핑의 과학』(세종서적, 2011)에서 우리는 상상력과 개념화 능력, 지적 능력을 갖추고 있으면서도 결국 다른 동물과 다르지 않게 오감을 통해 세상을 경험하는 육체적 존재라고 설파한 이유다.

아날로그에서 디지털로의 이행이 거의 완성된 바로 이 시점에 디

뇌가 섹시한 중년

지털 너머에 있는 세상을 들여다보는 일에 열심인 데이비드 색스는 『아날로그의 반격』(어크로스, 2017)에서 '디지털 테크놀로지가 가져다준 이점들(속도, 고속 인터넷 연결, 강력한 프로세싱 파워)은 아날로그의 장점들 (고요하고 개인적인 관계, 깊은 사색)을 희생시켰다'라고 안타까워한다. 하지만 아날로그가 가져다주는 향수와 추억, 그리고 그 번거로움에서 오는 행복으로 인해 아날로그가 영원히 우리 곁에 존재할 것이라 주장한다.

지금은, 사람 대신 인공지능과 로봇이 일하고, 손 하나 까딱하지 않고도 자동차가 저절로 움직이는 디지털의 세상이다. 디지털의 장점을 구태여 거부할 필요는 없겠지만, 소소하고 고요하며 사색적인 아날로그적인 삶 또한 구닥다리로 여길 일은 아니다. 어쩌면 우리는 디지털 세상에서 아날로그를 점점 더 그리워하게 되지 않을까? 지금 우리가 가진 투박한 아날로그도 나름 괜찮았다고 무척이나 그리워하지 않을까?

주말 아침, 직접 로스팅한 커피를 마시며, 레코드판에서 나오는 스모키의 노래를 듣고 있으면 째깍째깍 아날로그적 시간이 아주 느리게 흘러간다. 아날로그는 번거롭고 수고롭지만 나름의 진한 맛이 있다. 중년에게 딱 어울리는 맛이다.

이성과 감성 사이

좀 더 베풀고 살 걸

사람은 죽을 때 '걸걸걸' 하며 죽는다고 한다. 호탕하게 웃으면서 죽는다는 얘기가 아니다. 사람이 죽을 때가 되면 삶을 되돌아보며 아쉬웠던 점을 후회한다는 말이다. '~했으면 좋았을걸…' 하면서 아쉬워한다는데, '좀 더 베풀고 살걸…', '좀 더 용서하고 살걸…', '좀 더 즐기며 살걸…' 이렇게 세 가지를 후회한다고 해서 '걸걸걸'이라고 한다. 그중 첫 번째가 '좀 더 베풀고 살걸'인데, 살아생전에 많이 베풀지 못했다는 후회다. 그 베풂은 돈이나 물건 등 금전이나 물질적일 것일 수도, 자신이 가진 능력이나 재능일 수도 있다. 어쩌면 시간일 수도 있겠다. 물질이든 재능이든 가진 것이 많거나 적거나 할 것 없이 이 생의 마지막 순간에 서면 그런 후회를 한다고 한다.

물욕을 부리는 사람에게 흔히 말한다. 죽을 때 가지고 가지 못할 텐데 뭣 하러 그렇게 집착을 하느냐고. 물질의 축적이 자신이 노력해서 얻는 성취와 보람의 일종이기도 하겠지만, 그동안 악착스럽게 모았던 물질적인 성취는 결코 단 한 가지도 죽음과 동행하지 못한다. 인생은 공수래공수거, 빈손으로 왔다가 빈손으로 돌아간다고 하지 않나. 그러니 생의 마지막 지점에 서면, 결국 아무것도 가져가지 못한다는 점을 깨닫게 되고, 살아 있는 동안 가족이나 주위 사람, 어렵고 힘든 이에게 나눠 주지 못함을 아쉬워하게 된다.

오늘 날짜(2018. 3. 20)로 인터넷에서 '기부'라는 키워드로 뉴스를 검색해 봤다. '장애인에게 스포츠 마사지 재능기부, 영동 박수원 씨', '20년 강연료 3,000만 원을 해군장학재단에 기부한 해군 노병', '전남 드레곤즈 박광일, 김영욱이 지역 아동복지 시설에 기부', '컴백 워너원, 소녀교육에 1억 원 기부', '88자원봉사대 조건환경개선 재능기부 앞장', '계근단 김부경 중위, 2년간 기른 모발 25㎝ 한국백혈병소아암협회 기부' 등 기부의 내용과 형태가 각양각색이다. 어렵게 번 돈을 기부하는 사람, 자신이 가지고 있는 재능을 남을 돕는 데 쓰는 사람, 소중히 기른 머리카락을 기부하는 여군 등 기부를 실행하는 사람도 방법도 다양하다.

기부는 물질적으로 많이 가진 사람만이 할 수 있는 일도 아니고, 여유가 있는 사람만 할 수 있는 것도 아니다. 시간을 기부하는 사람도 많다. 수원 화성 근처 영동시장에 갔을 때, 입구 공터에서 무료급식을 하고 있었다. 부지런히 음식을 나르는 사람, 식사 후 뒤처리를 하는 사람, 설거지하는 아주머니, 특별한 재주가 있는 것은 아니더라도 누가 시키지도 않는 일을 모두가 열심이었다. 사람은 왜 자신에

뇌가 섹시한 중년

게 이득도 되지 않는 일에 그렇게 열심일까? 왜 자신의 돈과 시간을 들여서 봉사활동에 나서는 걸까?

이성을 앞세우는 효율적 이타주의

다른 사람에 베풀거나 도와주는 인간의 이타주의는 인간 진화 과정에서 자연적으로 발생했다고 알려져 있다. 인간은 혼자서는 살 수 없는, 함께 살아가는 사회적 동물이다. 혼자인 인간은 힘이 세거나 더 빠른 동물의 위협에서 벗어날 수도, 자연의 위험으로부터 안전할 수 없다. 여럿이 모여 서로 돕고 의지하는 공동생활이 이루어지게 된 가장 단순하면서도 근본적인 이유가 인간 자신의 안전이요 생존이다. 인간뿐만 아니라 〈합리_이기적 유전자의 이타주의〉에서 언급한 흡혈 박쥐 등 다른 동물에게서도 이타주의를 관찰할 수 있다.

피터 싱어(Peter Singer)의 『효율적 이타주의자』(21세기북스, 2016) 책 표지에 이런 문구가 있다. '4만 달러로 1명을 도울 것인가? 2,000명을 구할 것인가?' 그 아래에 좀 더 자세한 설명이 있다. '미국 시각장애인 안내견 1마리 훈련 비용 4만 달러, 개발도상국 트라코마 환자 실명 위기 치료 비용 20달러'. 시각장애인을 위한 안내견 1마리를 훈련시키는 비용(4만 달러)이면, 트라코마(trachoma) 감염 환자를 치료하여 환자 2,000명의 실명을 막을 수 있다는 얘기다. 여러분이라면 어떤 선택을 하겠는가? 쉽지 않은 선택이다. 위에서 나열된 숫자로만 판단하기 어려울지 모른다.

　만약 시각장애인과 함께하는 안내견의 감동적인 스토리가 담긴
홍보 영상을 보거나 듣는다면 그쪽으로 마음이 기울 수 있고, 개발
도상국의 트라코마 환자의 안타까운 실상과 그의 가족이 겪는 어려
움에 대해 알게 된다면 또 그쪽으로 더 마음이 갈 수 있다. 아니면
안내견 훈련비용을 줄여 그 돈으로 트라코마 환자 일부를 치료하자
는 절충안을 제시할 수도 있겠다. 대부분의 사람은 이런 도덕적 판
단을 어려워하며, 이성과 데이터보다는 감정에 치우치는 경향을 보
인다. 어찌 그렇지 않겠는가? 보통 사람은 사회적 약자를 돕는 일에
감정이 먼저 나아가지 않으면 행동도 쉽게 따라가지 못한다. 마음이
아프거나 동정심이 일어나는 등 감정의 변화가 행동을 야기한다. 돈
이 얼마나 드는지, 어느 쪽이 더 효율적인지, 같은 금액으로 몇 명을
도울 수 있는지 등 효율성과 경제성을 고려하지 않는다. 이성보다는
감정이 먼저다.
　하지만 효율적 이타주의자들은 다르게 말한다. 효율적 이타주의
란, 세상을 개선하는 가장 효율적인 방법을 이성과 실증을 통해 모
색하고 실천하는 철학이자 사회운동이다. 효율적 이타주의자는 심
금을 울리는 곳에 기부하지 않는다. 즉 감정적으로 판단하지 않는
다. 그들은 자신의 가용 능력, 시간이나 돈으로 가장 많은 선(善)을
이룰 수 있는 곳에 기부한다. 감성적이고 정서적인 기부와 나눔이
아니라 기부의 효율성을 위해서는 이성적이고 합리적인 분석을 해

야 한다고 강조한다. 이런 경향은 사회에 막 뛰어든 밀레니엄 세대일수록 더 강하며, 젊은 세대는 효율적 이타주의를 열정적이고 지적으로 수용하고 있어 가시적인 운동으로 부상하고 있다고 한다.

효율적 이타주의 운동은 절대 빈곤에 따른 고통과 죽음을 효과적으로 감축하는 자선단체를 따져 기부함으로써 세상을 실질적으로 변화시키고자 한다. 사실 불우이웃 돕기 성금, 연말연시의 자선냄비, 국군 위문금(이게 왜 여전히 존재하는지 의문이다), 사랑의 열매 등에 내는 기부금이 구체적으로 어디에 쓰이며, 어떤 효과를 내는지, 우리 대부분은 알지 못한다. 특별히 관심을 가지는 사람도 있겠지만 대부분의 사람은 그렇지 못하다. 더더구나 이런 자선단체에 기부된 돈이 엉뚱한 곳에 쓰이기도 한다는 뉴스를 볼 때면, 정말이지 화가 치민다. 그 단체에 기부했던, 그렇지 않든 마찬가지다. 기부 금액의 많은 부분이 자선단체에 소속된 사람의 인건비로 쓰이고, 실제로 기부되는 금액은 적다거나, 자선단체의 회장이 해외 출장을 다니면서 비행기 일등석 좌석과 특급호텔만 고집했다는 기사를 접할 때면, 과연 기부라는 행위를 해야 하는지 의문이 든다.

그런데도 여전히 많은 사람이 기부에 동참한다. 기부한 돈이 어디에 쓰이는지 구체적으로 알지 못하면서도 자기가 기부하고 있다는 만족감을 얻는 것만으로도 충분하다는 생각일까?

사실 기부라는 행위는 삶에 의미를 부여하고 성취감을 얻는 방법이다. 직접적으로는 남을 돕는 일이기도 하지만, 간접적으로는 자기에게 만족감을 주는 행위도 되므로 자신을 돕는 것이기도 하다. 이런 의미에서 기부하는 사람 대부분은 그저 자신의 만족감에 행복해하고, 기부된 돈이 어떻게 쓰이는지에 관해서는 관심을 갖지 않는 것일까?

효율적 이타주의 운동은 인간은 원래 본능적 욕구와 감정적 반응에 따라 움직이는 존재라는 철학과 심리학의 오래된 전제에 의문을 던진다. 남의 돕는 행위에 본능과 감정이 아니라 이성의 역할을 강조하고 때에 따라서는 실증적 데이터 분석을 더 신뢰하기 때문이다.

이타주의에 대한 새로운 시각

효율적 이타주의자처럼 기부와 이타적 행위의 효율성을 높이고 더 많은 사람에게 혜택이 돌아갈 수 있는 방법을 찾는 것은 중요하다. 제한된 자원을 최대한 활용할 수 있기 때문이다. 효율적 이타주의에서 강조하는 이성과 데이터보다 여전히 감성과 마음의 움직임을 더 중요하게 생각하는 이들이 많겠지만, 새로운 시각이 필요한 시점이기는 하다. 우리의 마음 움직임을 이성적으로 통제할 것까지는 필요하지 않다. 인간의 이타적 행위는 손익계산을 따지거나 자기만족감만 충족시키는 데 그 목적이 있는 것은 아니다. 다만, 이타적 행위에도 이성적인 효율성을 가미한다면, 도움이 필요한 이에게 더 많은 손길을 내밀 수 있을 것이다.

故 이태석 신부의 감동 휴먼 다큐멘터리

남을 돕는 행위가 자기만족감을 가지는 것에 머무르든, 이성과 데이터를 앞세운 효율적 이타주의를 신봉하든, 예일대학교 심리학과 교수인 폴 블룸(Paul Bloom)의 말을 되새길 필요가 있다.

인류 전체가 가족으로 인식되는 세상이 미래의 희망이 될 수는 없다. 그런 세상은 불가능하다. 그보다는 생면부지 남에게 공감까지는 못해도 남들의 삶이 우리가 사랑하는 이들의 삶과 동일한 가치를 가진다는 것을 인정하는 세상을 희망하는 것이 현실적이다.

폴 블룸이 하고 싶은 말은, 인간은 모두 동등하다는 거다. 뉴욕의 부자 동네에 사는 사람이든, 소말리아에서 하루 한 끼로 연명하는 사람이든 모두가 인간으로서의 가치를 누릴 자격이 있다는 것은 인정하자는 거다. 남을 돕던 그렇지 않던 최소한 거기까지는 해야 한다는 절실함이다.

새로운 세계를 만나다

현대미술의 면상에 변기를 집어던지다

현대미술은 대략 19세기 후반부터 현재까지의 미술을 의미한다. 통상 모더니즘 실험 정신을 추구하며 과거의 전통을 버린 예술을 말하는데, 야수파, 독일의 표현주의, 프랑스의 입체파, 이탈리아의 미래파, 소련의 구성주의, 네덜란드의 신조형주의 그리고 다다이즘과 초현실주의 등 20세기에 폭발적으로 등장한 거의 모든 미술을 포함한다고 할 수 있다. 현대미술에서 자유로운 사상의 향연이 펼쳐지도록 기폭제 역할을 한 예술가가 있다. 이른바 '소변기 사건'으로 유명한 마르셀 뒤샹(Marcel Duchamp, 1887~1968)이다.

2004년 12월 영국에서 20세기에 가장 영향력이 큰 미술 작품을 묻는 설문조사가 있었다. 당시, 올해의 터너상(Turner Prize) 시상식을 앞두고 영국의 미술 전문가 500명을 대상으로 조사가 실시되었다. 이 설문 조사에서 1위를 한 작품이 바로, 마르셀 뒤샹의 샘(Fountain, 1917)이다[2위는 파블로 피카소[Pablo Picasso, 〈아비뇽의 처녀들(Les Demoiselles

뇌가 섹시한 중년

d'Avignon, 1907)〉], 3위는 앤디 워홀[Andy Warhol, 〈메릴린 먼로 두 폭(Marilyn Diptych, 1962)〉], 4위는 파블로 피카소[〈게르니카(Guernica, 1937)〉], 5위는 앙리 마티스[Henri Matisse, 〈붉은 화실(The Red Studio, 1911)〉], 출처: BBC NEWS Duchamp's urinal tops art survey, 2004. 12. 1. 기사].

프랑스에서 태어난 뒤샹은 1915년 미국으로 건너가 뉴욕에서 살았는데, 그곳에서 다른 예술가들과 함께 독립예술가협회(Society of Independent Artists)를 결성한다. 그는 이 협회의 이사이자, 1917년에 열린 제1회 정기 전시회의 조직위원을 맡게 된다. 조직위원이기도 한 그는 가명인 리처드 뮤트(Richard Mutt)라는 이름으로 작품 하나

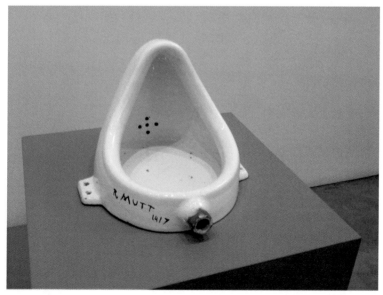

마르셀 뒤샹의 샘   출처: JasonParis, Flickr

를 출품하는데 그것이 바로 '샘'이다. 무슨 생각에서인지, 그는 배관공 가게에서 소변기 하나를 사서 작품명을 '샘'으로 정하고 'R. Mutt 1917'이라고 서명한 후에 전시회 작품으로 제출한 것이다. 심사위원도, 상도 없는 이 전시회에는 소정의 수수료만 내면 누구든지 작품을 제출하고 전시할 수 있었다. 이 소변기를 본 전시회 조직위원들은 예술 작품으로 인정할 수 없다며 전시를 거부한다. 예술가 자신이 직접 제작한 것도 아니고, 작품이 외설적이라는 이유였다. 작품 전시를 주장한 뒤샹은 그의 의견이 받아들여지지 않자 협회 이사 자리를 사임하고, 언론에 자기 생각을 투고하는 등 전시회의 행태에 크게 반발한다.

루브르가 힙합을 품다

'루브르는 왜 비욘세에게 모나리자를 내줬나' 조선일보 문화면에 게재된 기사다(2018.7.2.). 7월 16일에 공개된 팝계 세기의 커플로 통하는 팝스타 비욘세(Beyonce)와 래퍼 제이지(Jay-Z) 부부의 뮤직비디오 '에이프쉿(Apeshit)'의 촬영 무대가 프랑스의 루브르 박물관이라는 내용이다. 전통의 루브르가 현대의 가장 대중적인 음악인 힙합의 뮤직비디오 촬영 무대가 된 것 자체로도 기삿거리임에 틀림없다. 이 뮤직비디오는 유튜브 조회 수가 이미 6,000만은 넘었다(2018.7.7 현재 6,232만회다. 조선일보 기사가 나올 당시에는 2,000만 회였다.). 그야말로 폭발적인 관심이다. 주간지 타임(Time)도 루브르 박물관이 이들에게 촬영 허가를 내준 것은 '기념비적'이라고 보도했다고 한다.

루브르의 아폴로 갤러리의 천장을 훑고 지나가던 카메라가 레오나르도 다빈치의 '모나리자' 앞에 서 있는 제이지와 비욘세의 모습을 비춘다. 평소 이곳은 모나리자를 보기 위해 관광객으로 북새통을 이루는 곳인데, 텅 빈 홀에 두 사람만이 서 있다. 이어지는 장면에서는 '사모트라케의 니케'를 배경으로 승리의 여신과 같은 하얀색 옷을 입고 손을 맞잡고 서 있는 모습이다. 마치 그곳에서 막 결혼식이라도 올리는 듯 보인다. 그 아래 계단 여기저기에 댄서들이 누워있다

사모트라케의 니케 앞에 서 있는 비욘세와 제이지　　　　　출처: Apeshit

가 서서히 움직이기 시작한다. 뮤직비디오는 루브르 박물관의 유명 작품과 댄서들의 모습을 번갈아 보여준다. 그중에 압권은 '나폴레옹의 대관식' 앞의 비욘세와 댄서들의 군무다. 1804년에 파리의 노트르담 사원에서 거행된 대관식을 그린 그림에는 교황 비오 7세도 보인다. 작품 속의 인물들은 화려한 19세기 의상을 입고 엄숙한 식을 거행하고 있고, 이 그림 앞에서는 속옷만 입은 듯한 댄서들과 비욘세가 관능적인 춤을 춘다. 그야말로 충격이다. 루브르 박물관이 전통을 옹호하는 이들의 비난을 감수하고, 파격을 받아들였다는 게 놀라울 따름이다. 뮤직비디오의 마지막 장면에서 비욘세와 제이지, 두 사람은 모나리자를 향해 천천히 돌아선다.

뉴욕타임스가 "유럽 문화의 요새인 루브르 박물관에서 흑인의 존재감을 드러내려는 것"이라고 분석한 것처럼, 두 흑인 가수가 서양에서 미의 기준이 되는 모나리자 앞에 선 것은 그 선입견과 편견을 무너뜨리고자 한 것처럼 보인다. '우리도 여기에 있다'라고 당당히 선언하는 것이다. 특히 나폴레옹 황제가 아내 조세핀에게 왕관을 씌워주는, 백인만으로 가득 찬 그림 앞에서 아홉 명의 흑인 댄서들의 춤은 백인 중심의 서양 미술사에 대한 항거의 몸짓이다. 하지만 이 뮤직비디오가 그토록 많은 사람의 관심과 사랑을 받는 것은 단지 심오한 정치적인 이유에서만은 아닐 것이다.

뇌가 섹시한 중년

뒤샹과 비욘세가 던진 질문

뒤샹의 '샘'이 현대미술에 지대한 영향을 끼치게 된 것은 예술에 대한 수많은 논란과 더불어, 예술이란 무엇인가에 대해 근본적인 질문을 던졌기 때문이다. 예술가가 직접 만든 작품이 아니라면 예술 작품으로 인정할 수 없는 것인가? 예술가가 직접 빚었다는 그 자체가 중요한가 아니면 작품이 완성되기까지의 발상과 아이디어가 중요한가? 기성품이 아닌 새롭게 만든 것만 예술 작품으로 인정해야 하는가? 그렇다면 예술로 인정할 수 있는 기준은 무엇이고 있기는 한 것인가? 그 기준을 정하는 권한은 누구에게 있는가? 수많은 질문이 대중과 예술가에게 쏟아졌다. 질문에 대한 답을 찾는 과정에서 다양하고 새로운 예술 사조와 주의, 주장이 생겨났다. 뒤샹이 뿌린 씨앗 덕분이다.

뒤샹은 이 사건에 대해 예술가가 직접 자기 손으로 작품을 만들었는지가 아니라 새로운 의미를 부여하는 것이 중요한 것이라고 주장했다. 그가 작품으로 제출한 소변기는 일상에서는 화장실에서 소변을 보는 용도로 사용되는 것이지만, 작가에 의해 '새로운 선택'이 이루어지고, 전시장에 놓임으로써 '새로운 기능'을 가지게 되어 이전과는 다른 '새로운 사물'이 된다는 것이다. 기성품을 본래의 기능적 역할로부터 자유롭게 풀어준 후, 그 대상을 바라보는 사람의 관점과 배경지식을 뒤집음으로써 실질적인 예술품으로 승화시킨 것이다. 뒤샹은 자신이 고안해낸 새로운 예술방식을 '레디메이드(readymade)'라고 했다. 기성 조각품이라는 뜻이다.

뒤샹의 소변기를 현대미술에서 가장 영향력 있는 작품으로 선택한 조사 결과에 대해 미술 전문가 시몬 윌슨(Simon Wilson)은 이렇게 말했다.

현대 미술에서 가장 영향력 있는 작품인 뒤샹의 '샘(Duchamp 's Fountain)'을 피카소(Picasso)와 마티스(Matisse)의 작품에 앞서 선택하는 것은 다소 충격적이다. 그러나 그것은 오늘날의 예술의 역동적인 성격과 예술 작품에 들어가는 창의적인 과정이 가장 중요한 것, 즉 작품 그 자체가 무엇이든 만들어질 수 있고 어떤 형태든 취할 수 있다는 생각을 반영한다.

그의 평가는 뒤샹이 소변기를 작품으로 제출한 이유가 무엇인지를 정확하게 짚어낸 것이다.

비욘세와 제이지가 뮤직비디오에서 말하고자 한 것은 서구 사회에 만연한 '백인 우월주의'에 대한 우아한 반격이라고 한다. 또 돈을 많이 번 힙합 가수가 보석, 시계, 자동차나 비행기 등으로 부를 과시하지만, 이들은 그보다 한 차원 높은 미술품으로 자신의 부와 영향력을 보여주는 것이라는 평가도 있다. 그들의 의도가 무엇이었던 대중문화인 힙합과 고전의 대명사인 루브르 박물관의 만남은 단지 '홍

뇌가 섹시한 중년

보'나 '정치적 의도'로만 읽히지는 않는다. 부의 과시와 정치적 목적은 오히려 부수적일지 모른다.

세계의 수많은 사람이 주목한 것은 그 발상과 아이디어의 신선함이 아닐까? 루브르가 힙합을 받아들였다고? 유럽 문화의 요새인 루브르가 대중문화의 기수인 힙합에 순순히 성문을 열었다고? 사람들은 그 결과가 아니라 그 과정에 놀랐다. 변하지 않을 것 같은 것이 변할 때의 놀라움은 신선함으로 다가온다. 고전과 전통의 대명사인 루브르가 변화를 받아들인 것이다. 뉴욕의 할렘가에 사는 흑인과 스페인계 청소년 사이에서 생겨난 힙합이 21세기의 주요한 문화라는 것을 루브르가, 아니 세계가 인정한 것이다. 비욘세와 제이지의 노래와 몸짓은 고전과 현대, 황제와 대중, 백인과 흑인의 만남과 융합이 필요한 세상이라는 외침이다.

신세계가 열리다

새로움과 창의성은 흔히들 젊음과 동일시된다. 젊은 사람이 머리회전이 빠르고 변화에 대한 적응력이 높아, 당연히 창의적인 아이디어도 이들에게서 더 많이 나오리라 생각한다. 알베르트 아인슈타인도 '30세가 되기 전에 과학의 발전에 기여하는 위대한 업적을 이루지 못하면, 평생 위대한 업적을 남기지 못한다.'라고 말했다고 한다. 창의적 업적을 이룰 수 있는 시기가 있고, 그것은 바로 젊었을 때라는 의미다. 그 시기가 지나면 인간은 녹슬고 무뎌진다는 말이다. 위대한 창조적 업적을 이룬 이들 중에 20~30대의 젊은 천재가 많은 것이 사실이기는 하다. 그러나 모두 그런 것은 아니다.

인간의 심리적 불안감을 연출하는 영화로 유명한 앨프레드 히치콕은 〈현기증〉, 〈북북서로 진로를 돌려라〉, 〈사이코〉 등 그의 생애에 가장 인기 있는 영화를 60세 전후에 만들었다. 〈잃어버린 시간을 찾아서〉의 마르셀 프로스트도 60대에 절정기를 맞았다. 60대에 쓴 그의 시가 가장 많이 인용되고 있는 사실로 알 수 있다. 미국의 소설가 마크 트웨인은 〈허클베리 핀〉을 마흔아홉에 출간하고, 레오나르도 다빈치가 〈최후의 만찬〉을 완성한 것은 마흔여섯, 저 유명한 〈모나리자〉를 그린 것은 50대의 나이에 들어서다. 그 외에도 중년 이후에 자신의 과학적 발견, 예술적 성취, 학문적 업적을 이룬 이는 수도 없이 많다. 나이가 들었다고, 중년 이후에는 현상 유지나 하고 변화에 그럭저럭 적응해 가는 것에 만족하는 것이 그나마 다행이라는 생각은 잘못된 것이다.

그렇다고 나이가 든 사람이면 누구나 창의적 생각이나 아이디어를 생산할 수 있는 건 아니다. 창의적인 아이디어는 어느 날 갑자기 생겨나지 않는다. 어제까지 없던 일이 오늘 저절로 이루어지지 않고, 어제까지 시도해 보지 않은 일이 내일 발견되는 것도 아니다. 매일 조금씩 꾸준한 준비와 노력이 필요하다는 의미다. 어느 분야에서든 창조적 성취와 위대한 업적은 오랜 기간의 작은 성공과 실패, 시행착오라는 밑거름을 요구한다. 젊은 날의 실패와 성공의 경험, 희로애락의 일상이 모두 창조적 힘의 원천이 될 수 있다. 나이가 많다는 것이 창의성의 필요조건은 아닐지라도, 쓸모없음도 아니라는 말이다

그러니 중년들이여, 미리 포기하지 말자. 다만 몇 가지만 유념하자. 우선, 집단사고에 빠지지 말자. 다른 사람이 어떻게 나의 판단을 생각할까를 지나치게 염려하면 집단사고에 빠지기 쉽다. 문제 자체에 집중하면 집단 사고의 위험에서 벗어날 수 있다. 집단에 오래 소속되어 있었을수록 그 위험성이 커지기 마련이다.

그리고 집단의 가치를 위해 개인의 가치를 뒤로 미루지 말자. 개인의 존재 가치가 커질 때 창조의 힘도 커진다. 그러면서 나만의 것을 찾자. 국가와 사회, 직장과 가정 속에서 나를 잃어버리지 않도록 나를 채우자.

그러기 위해서는 자신만을 위한 시간을 가져야 한다. 개인의 성장을 위해서든, 휴식을 위해서든, 자신에게 시간을 주자. 그러면 삶의 틈이 생기고, 그 틈새로 기존의 세상을 다르게 생각하고, 다르게 볼 수 있게 된다.

다른 것을 볼 수 있는 눈을 가지면 새로운 세상과 만날 수 있다. 다르게 생각하기를 실천하면 우리 자신뿐만 아니라 세상도 더 젊어지고 새로워진다. 고정관념을 내려놓고, 세상의 변화를 받아들이자. 소변기를 예술작품으로 승화시킬 만큼의 발칙함은 아니더라도, 모

나리자 앞에 선 비욘세와 제이지의 노래와 춤을 즐길 수는 있어야 하지 않겠나.

우

주

별을 생각하는 마음

바하리야 사막의 별

'하늘에는 온통 별이다. 나와 별 사이의 거리가 점점 좁혀지면서 얼굴 위에 별이 쏟아진다. 손을 뻗어 본다. 닿을 듯 말 듯. 머리를 들고 상체를 세워 별에 더 다가간다. 여전히 손에 잡히지 않는다. 바로 옆 모래 언덕에는 별이 내려앉았다. 저곳으로 더 다가가면 별을 만질 수 있을까. 여긴 별천지구나!'

별이 모래 언덕에 내려앉은 이곳은 바하리야 사막(Bahariya Oasis)이다. 바하리야 사막은 이집트 수도 카이로에서 동남쪽으로 5~6시간 정도 차를 타고 가면 닿을 수 있다. 사막으로 들어가려면 마을 입구에서 사막 길을 안내하는 가이드의 차량(대부분 오래된 일제 도요타 SUV)으로 갈아타는 게 좋다. 본인 차량이 있으면 직접 운전해도 되지만, 사막에서 길을 잃을 수도 있고 모래에 바퀴가 빠져 낭패를 보는 경우도 종종 있다. 이집트에서 파견 근무를 할 당시, 지인 가족과 함께 산타페와 갤로퍼 차량을 각각 직접 몰고 사막에 들어갔다가 모래에 차량이 빠져 한참이나 고생을 했었다. 부드러운 모래 언덕에서는 타이어의 공기를 충분히 빼주어 면적을 넓혀야 하는 것을 몰랐기 때문이다. 다행히 현지인의 도움으로 위기를 벗어날 수 있었다.

이집트를 찾는 많은 관광객이 바하리야를 찾는 이유는 그곳이 다른 곳의 사막과 다르기 때문이다. 바하리야는 우리가 쉽게 떠올리는 황금빛 모래 언덕만 있는 곳이 아니다. 그곳에는 다른 곳에서는 볼수 없는 흑사막, 백사막, 그리고 크리스털 사막도 있다.

흑사막은 모래가 뜨거운 태양에 다 타 버렸는지 까맣게 그을린 모습이다. 여기저기에 시커먼 산도 울퉁불퉁 솟아 있는 모습을 보고 있노라면 이곳을 사막이라고 할 수 있나 싶을 정도다. 크리스털 사

바하리야 백사막   출처:위키미디어 커먼스

막은 또 어떤가. 크리스털 사막에는 투명한 수정 덩어리 천지다. 크고 작은 크리스털이 큰 바위에서 떨어져 나와 여기저기 굴러다닌다. 백사막의 모습은 더 신비롭다. 하얀 석회석 바위는 사막에서 수많은 뜨거운 낮과 차가운 밤을 견디며 갖가지 모습을 하고 서 있다. 사람 얼굴 모양도 있고, 낙타 모양도 있다. 버섯 바위, 스핑크스 바위 등 하나하나가 누군가가 정성스럽게 조각한 작품 같다. 그것을 보고 있노라면, 내가 서 있는 이곳이 어쩌면 지구가 아닐지도 모른다는 생각이 든다.

사막에서는 차를 타고 모래 언덕을 달려보는 특별한 경험을 할 수 있다. 어른은 차가 뒤집어질까 걱정을 하며 손잡이를 꼭 잡고 있지만(종종 차량이 전복되는 사고가 발생한다), 아이들은 이집션 운전사에게 연신 "얄라 비라~(빨리 달려~)"를 외친다. 한참을 달리다 모래 언덕의 가장 높은 곳에서 차를 멈추고 시동을 끈다. 언덕 가장 높은 곳에 정지한 차는 중력의 힘으로 서서히 모래 위를 미끄러져 내려간다. 차에 탄 사람은 차와 함께 모래 속으로 빠져든다. 잠시 후 차가 안전하게 언덕 아래에 다다르면 안도의 함성과 박수가 터진다. 바하리야가 아니면 느낄 수 없는 스릴과 재미다. 여기서 끝이 아니다. 해가 진 후, 모래 위에 드러누워 밤하늘을 바라볼 때의 그 감동은 또 어떤가. 하늘과 모래와 별, 그리고 별을 보고 있는 사람이 하나가 된다. 별이 천천히 모래 위로 내려앉아 천지를 감싸 안는다. 사람은 밤하늘의 일부가 되었다가 또 우주가 된다. 4,000억 개의 별로 이루어진

뇌가 섹시한 중년

우주. 저 우주는 도대체 어디서 생겨났을까?

우주의 탄생

우리가 사는 도시에서는 밤하늘의 별을 보기가 쉽지 않다. 그 많던 별이 사라졌다. 사실은 별이 사라진 게 아니라 별과 우리 사이를 도시의 먼지가 가로막고, 도시의 불빛이 별빛을 삼켜 버렸기 때문이다. 도시의 불빛이 지금처럼 환하지 않던 1970~80년대에는 어디에서든 별을 볼 수 있었다. 북두칠성, 카시오페이아, 헤라클레스, 궁수, 전갈…. 학교에서 배웠던 별자리를 손가락으로 짚어가며 찾아보곤 했다. 여름밤, 마당의 평상에 누워 올려다보던 밤하늘은 이집트 바하리야 사막의 별만큼은 아니더라도 견우와 직녀의 아름다운 사랑 이야기가 사실일지도 모른다고 생각할 정도는 되었다. 그렇게 누워서 나누던 말은 모두 시가 되고, 아름다운 이야기가 되고, 이제는 다시 돌아갈 수 없는 추억이 되었다.

어릴 적 그 수많은 이야기를 품은 별이 모인 무리를 은하수라고 한다. 영어로는 은하수를 우유가 흐르는 강이라는 뜻의 밀키웨이(Milky Way)라고 한다. 밀키웨이란 이름은 그리스 신화에서 비롯되었다.

신들의 제왕인 제우스가 또 다른 연인 알크메네에게서 얻은 아들 헤라클레스를 데리고 올림포스산에 들어온다. 헤라클레스의 출생을 안 헤라는 온갖 수단을 동원하여 헤라클레스를 죽이려고 한다.

하지만 헤라클레스를 귀여워했던 전령의 신 헤르메스는 헤라클레스를 가장 위대한 인간으로 키우기 위해 헤라 여신의 젖을 먹여 주려 한다. 어느 날 헤라가 잠든 사이, 헤르메스는 어린 헤라클레스를 안고 몰래 그녀의 침실로 숨어 들어가 젖을 먹게 했다. 꿈결에 가슴이 답답해짐을 느낀 여신은 잠에서 깨어나 헤라클레스를 떼어 내려 했지만 힘이 센 헤라클레스를 떼어 내기란 쉽지 않았다. 결국 헤라는 자신의 젖꼭지가 떨어져 나가는 아픔을 감수하며 헤라클레스를 떼어 냈고, 헤라클레스의 빠는 힘이 얼마나 세었던지 헤라의 가슴에서 젖이 솟구쳐 하늘로 흘러내려 은하수가 되었다고 한다. '우유가 흐르는 강'의 유래다.

헤라의 젖으로 만들어졌다는 신화는 우주와 지구의 탄생은 신에 관한 영역일 뿐, 인간은 알 수 없는 미지의 곳이라는 말을 하는 것일까? 사실, 지난 세기까지는 그랬다. 유대-기독교 경전에는 '태초에 하나님께서 하늘과 땅을 만드셨다'라고 적혀 있다. 17세기 아일랜드의 주교였던 제임스 어셔(James Usher, 1581~1656)는 우주가 창조된 날이 기원전 4004년 10월 23이라고 주장했다. 이런 종교적 창조설을 부인한 인물이 있다. 대표적인 이가 16세기 이탈리아의 철학자이자 도미니크회 수사였던 조르다노 부르노(Giordano Bruno, 1548~1600)다. 그는 '우주는 변하지 않으며 크기와 나이가 무한하다'는 주장을 하며 코페르니쿠스의 지동설을 지지하다 화형에 처해진다.

안타깝게도 브루노의 주장도 현대에 와서 틀린 것으로 판명되었

뇌가 섹시한 중년

다. 오늘날 우주가 팽창한다는 것은 부인할 수 없는 관측 사실이
다. 우주가 팽창한다는 생각은 아인슈타인이 일반상대성이론을 통
하여 제시한 방정식에서 비롯되었다. 아인슈타인의 방정식이 우주
의 팽창을 나타낸다는 것을 처음 발견한 사람은 알렉산더 프리드만
(Alexander Friedmann, 1888-1925)이다. 이에 근거하여 조르쥬 르메트르
(Georges Lemaître, 1894-1966)는 팽창하는 우주 모델을 만들었다. 그리
고 1920년대 에드윈 허블(Edwin Hubble)이 외부 은하를 관측함으로써
우주가 팽창하고 있다는 사실을 밝혔다. 허블은 월슨산 천문대에
설치한 지름 250㎝짜리 천체망원경을 통해 외부 은하들을 관측하

은하수   출처: Pixabay

던 중 이들이 우리에게서 멀어지고 있고, 멀리 있는 은하일수록 더 빠르게 멀어지고 있다는 사실을 발견하게 된다. '모든 은하는 지구로부터 멀어지고 있으며, 이는 은하가 운동하는 게 아니라 우주 공간이 팽창하고 있다는 증거이다.'라고 주장한다. 내일은 지금 있는 곳보다 더 먼 곳에 은하가 있을 것이고, 반대로 어제는 더 가까이 있었음을 의미한다. 시간을 한없이 거꾸로 되돌린다면, 우주가 점점 작아지다가 상상을 초월할 정도로 아주 작고 뜨거운 하나의 점으로 수렴될 것이다. 르메트르는 이 점을 우주 달걀(cosmic egg)이라고 불렀다. 이 달걀이 폭발하면서 우주가 탄생했다고 보는 우주생성이론이 빅뱅 이론(Big Bang theory)이다.

과학자들의 연구와 관측 데이터에 빅뱅 이론을 적용하면 우주의 나이를 알 수 있다. 우주의 팽창계수(허블 상수라고 한다)를 이용하여 우주가 우주 달걀에서 지금의 크기로 팽창하는 데 걸린 시간을 계산하면 된다. 현재까지 알려진 가장 정확한 값은 138억 년이다. 우주가 탄생하고 90억 년이 지난 후, 지금으로부터 약 50억 년 전에 태양계가 형성되었다. 태양계에 있는 우리 지구의 나이는 얼마나 될까? 지구의 나이에 대해서 논쟁이 없는 것은 아니지만 지금까지 밝혀진 가장 정확한 나이는 46억 년이다. 이 값은 소행성 벨트(화성과 목성 사이에 100~200만 개의 소행성이 모여 있는 지역)에서 지구로 떨어진 운석을 방사성 연대 측정법으로 분석하여 알아낸 것이라고 한다.

뇌가 섹시한 중년

작고 푸른 점, 지구

46억 년의 나이를 가진 지구에 생명체는 언제 출현했을까? 지구 상에 최초의 생명이 출현한 것은 약 35억 년 전이며, 그 주인공은 단세포 미생물(박테리아)로 알려져 있다. 태양계의 다른 행성에서는 아직 생명체의 존재를 발견하지 못했다. 여타 행성과 달리 지구는 액체 상태의 물이 존재할 정도로 기후가 적절했기 때문에 생명체가 탄생할 수 있었다고 한다. 최초의 미생물에서 현생 인류가 탄생한 것이다. 인류가 등장하기까지는 최초의 다세포 생물이 탄생하고 수억 년이 걸렸다. 예일대학교 교수인 데이비드 버코비치는『모든 것의 기원』(책세상, 2016)에서 지난 7,000년 동안 기록된 역사와 고고학적 증거를 종합해 볼 때, 동물은 인간보다 6억 년쯤 전에 등장했고, 인간은 약 700만 년 전에 처음 등장한 것으로 추정된다고 한다. 138억 년의 우주의 나이를 하루로 생각할 때, 인간은 하루의 마지막 시계 초침이 12시를 가리키기 불과 몇 초 전에야 이 세상에 나타난 것이다.

우주적 관점에서 인간을 생각해 보면, 인간의 생명과 역사, 인류의 문명이라는 것은 찰나의 존재에 불과하다. 칼 세이건도 별들의 일생에 비하면 사람의 일생은 하루살이에 불과하며, 단 하루의 무상한 삶을 영위하는 하루살이들의 눈에는, 우리 인간들이 아무것도 하지 않으면서 그저 지겹게 시간이 가기만을 기다리는 한심한 존재로 보일 것이라고 했다. 인간이 우주를 바라보는 시간을 거꾸로 돌

창백한 푸른 점, 지구의 모습　　　　　　　　　　　　출처: NASA

려보자. 별의 눈에는 인간은 어떤 모습으로 비칠까? 우리 삶의 터전인 지구는 단지 이상할 정도로 차갑고 매우 단단한 규산염과 철로 만든 작은 공 모양의 땅덩어리로 보일 것이다. 그곳에 사는 우리는 10억 분의 1도 안 되는 찰나의 순간만 머물다 사라지는 아주 하찮은 존재로 여겨질 것이다.

　우리가 발붙이고 사는 이 지구는 4,000억 개의 행성 중에 하나의 작은 점에 불과하다. 우주에서 바라본 지구는 쥐면 부서질 것만 같은 창백하고 푸른 점으로 보일 뿐이다. 하지만 최초의 수소에서 시작하여 생명이 탄생하고 오랜 세월의 진화를 통하여 인류가 생겨났다. 현재 그 인류는 광대한 우주 공간의 행성 중 유일하게 지구 이외에는 존재하지 않는다. 그래서 우리는 희귀종인 동시에 멸종 위기종이다. 그래서 인간 존재 하나하나가 그 무엇보다 귀중할 수밖에 없다는 역설 또한 성립한다.

인간 존재의 경이로움

우주적 관점에서 인간은 하루살이에 불과하지만, 인간은 인종과 민족을 가르고, 종교를 앞세워 총칼을 겨누며 그 단 하루를 무던히도 치열하게 살아간다. 그토록 짧고 귀한 시간을 다툼과 경쟁에 몰두하고 있다. 게다가 인류와 함께 지구에 사는 다른 생명 종을 멸종시키고 있다. 숲을 파괴하고, 강물에 오물을 흘려보내고, 대기에는 이산화탄소를 끊임없이 방출하고, 지구를 수십 번이나 파괴할 수 있는 핵무기를 만들려고 안달이다. 바다거북은 인간이 버린 비닐과 플라스틱을 먹고 죽으면서 인간에게 시위하고 있다. 인류는 인류의 생명뿐만 아니라 지구에 사는 모든 생명체와 지구라는 행성의 생명도 위협하고 있다.

이 모든 위기에도 불구하고 그나마 다행스러운 일은 인간에게는 '상상력'이 있다는 사실이다. 인간의 생명과 그 기원은 우주보다 비록 미미할지라도 인간의 상상력은 우주 저 끝 어디에까지 미친다. 지구 이외에는 생명의 존재를 아직 발견하지 못했지만, 인류가 살아있는 동안 그 탐험은 계속될 것이다.

지구가 건강하게 존재해야 우리 인간도 살아갈 수 있다는 것을 알고, 미래 세대에 어떤 지구를 물려줄지, 어떤 우주로 안내해 줄지를 상상하기 때문에 조만간 해결책을 마련할 것이다. 우리는 여전히 팽창하고 있는 무한의 우주에서 유일무이한 경이로운 존재이기 때문이다. 노벨 문학상 수상자인 폴란드의 시인 비스와바 쉼보르스카(Wislawa Szymborska, 1923~2012)가 "무슨 이유로 바로 여기, 지구에 착륙한 걸까요? 이 작은 혹성에? 얼마나 오랜 시간 동안 나 여기에 없었던 걸까요? 모든 시간을 가로질러 왜 하필 지금일까요?"라고 노래한 이유도 그 때문이 아닐까?

뇌가 섹시한 중년

폐허 속의 상상

소박한 하늘재

하늘재와 미륵대원지를 다녀왔다.

세종에서는 130km, 자동차로 두 시간 정도 걸리는 거리다. 고속도로를 이용하지 않고 느리게 가는 국도를 달렸다. 봄의 기운이 완연하다. 봄이 느릿느릿 오는 길에 겨울이 슬쩍 심술을 부리며 끼어들고는 하더니, 그 봄의 발길이 너무 느려 여름이 기다리지 못해 안달한다. 자동차 계기판에 표시된 바깥 온도가 19도. 아침 9시에 이정도면 점심나절에는 25도는 족히 넘을 듯싶다. 청주를 지나 증평군, 괴산군의 국도를 따라 줄지어 있은 논과 밭의 흙은 잔뜩 부풀어 올랐다. 조만간 씨를 품어 싹을 틔울 준비가 되었다는 뜻이다. 산은 진초록과 연둣빛이 뒤섞여, 수채화의 초벌 색칠을 시작한 듯하다. 지난겨울에도 늘 푸르던 소나무와 이제 새잎을 돋아내는 나무들의 봄 햇살을 향한 다툼이 앙증맞고 소란스럽다.

충주 하늘재

문경읍에서 하늘재로 가는 도로는 구불구불한 오르막이다. 좌측으로 주흘산(1,108m)을 두고, 월악산 국립공원을 향해가는 방향이라 산세가 험하다. 길의 양편에 도자기 가마가 많이 보인다. 문경에 도자기 가마가 이렇게 많은 줄은 처음 알았다. 자료를 찾아보니, 전통 찻사발 축제를 한 지가 벌써 20돌이라고 한다. 다음에 기회가 되면 찻사발 축제를 한번 다녀가야겠다.

하늘재는 소박했다. 미륵대원으로 내려가는 자연관찰로 쪽으로 작은 안내소 하나와 화장실이 있고, 주차장은 별도로 마련되어 있지 않다. 길 좌측 계단 위로 하늘재를 표시하는 기념비가 세워져 있고, 우측으로는 포암산 등산로다.

하늘재는 경북 문경시 문경읍 관음리에서 충북 충주시 수안보면 미륵리로 넘어가는 경계에 있는 높이 525m 고개다. 하늘재는 우리나라에서 가장 오래된 고갯길이다. 충청북도 충주시 미륵리와 경상북도 문경시 관음리를 이어준다. 이 고갯길은 삼국시대(156년) 때 신라의 아달라왕이 북진을 위해 개척하였다고 한다. 고구려 온달과 연개소문은 빼앗긴 하늘재를 다시 찾기 위해 끈질긴 전쟁을 벌였으며, 고려 공민왕은 홍건적을 피해 몽진(蒙塵)할 때, 신라 망국의 한을 품고 경순왕의 아들 마의태자와 누이인 덕주공주가 금강산을 향할 때도 이 길을 이용했다고 전해진다. 이렇듯 교통의 요지이며 군사적으로 중요한 거점이었으나 조선 태종 때 새재길이 열리면서 그 역할이 축소되었다.

흔적만 남아 있는 미원대원터

하늘재에서 오늘의 목적지인 미륵대원까지는 걸었다. 안내소 옆 자연관찰로를 따라 내려가는 길이다. 안내 표지판을 보니 미륵대원지까지는 2km다. 길은 포장을 해 놓지 않아 오히려 흙을 밟으며 걷기에 좋다. 여름이 오기 전이라 숲은 듬성듬성하고, 습하고 강한 숲 냄새도 덜하다. 키 큰 나무들 사이로 햇살이 쏟아져 내려와 얕은 계곡물 위로 바람을 타고 가볍게 뛰어 내려간다.

40여 분을 걸어 내려가니 미륵대원이다. 처음 만난 곳은 '미륵대원 원터'. 이곳은 원(院)으로 사찰 기능과 함께 고개를 넘나들던 사람들에게 숙식을 제공하는 기능을 했다고 한다. 현재는 그 당시의 건물 형태는 전혀 남아 있지 않고 기단으로 사용된 돌무더기만 드문드문 보인다. 이 돌무더기만을 보고서 당시의 건물의 모습이 어떠했는지 상상하기란 쉽지 않다. 김봉렬의 책『한국 건축이야기 2』(돌베개, 2006)에서 이곳에 관한 이야기를 먼저 읽고 왔지만, 이 폐허 속에서 화려한 시절을 떠 올리는 건 아무래도 무리다.

『한국 건축이야기 2』는 '폐허 속의 상상력, 미륵대원'으로 시작한다. 그의 말처럼, 우리나라의 폐허는 유럽의 것과 다르게 흔적이 거의 남아 있지 않다. 목재를 사용한 건축이 주를 이룬 것에 첫 번째 이유가 있고, 잦은 외세의 침략과 6.25 전쟁으로 인해 불타버린 것이 많은 것도 또 하나의 이유다.

반면에, 베스파시아누스 황제에 의해 72년에 착공되어 8년 동안의 기적적인 역사를 거쳐, 티투스 황제 때인 80년에 준공된 로마의 콜로세움은 거의 2,000년이 지난 지금도 건재한 모습이다. 콜로세움 근처의 포로 로마노 유적지도 그 원형이 많이 훼손되어 오래 전의 모습을 짐작하기는 힘들지만 그나마 돌로 만든 것이어서 우리의 건축물 보다는 낫다. 그리스의 파르테논 신전도 엘긴 경의 숱한 수탈과 전쟁, 지진에도 불구하고 여전히 신비로운 아름다움을 간직하고 있다. 이집트의 피라미드, 룩소르 신전 등은 3,000년이 지난 오늘도 여행객의 발길을 끈다. 우리의 사라진 것에 대한 미련이 남지 않을 수 없다. 더구나 상상력의 부족으로 폐허 위에 서 있던 그 아름다운 건축물을 전혀 그려내지 못함이 미안해진다.

폐허가 주는 감동

원터를 뒤로 하고 좌측으로 돌면, 미륵대원의 모습이 보인다. 남쪽으로 약간 오르막이다. 대웅전 안의 미륵불이 국내에 유일하게 북향을 하고 있기 때문이다. 당간지주, 거북바위, 5층 석탑, 그리고 미륵불이 차례로 자리 잡고 있다. 당간지주는 바닥에 있는 넓적한 바위에 나무 기둥을 세웠을 법한 구멍이 나 있다. 조금 뒤쪽으로 거북 모양의 바위가 있다. 이 거북바위는 원래 그 자리에 있던 바위를 거북 모양으로 조각했다고 한다. 그 사실을 미리 알고 보지 않으면 알아보지 못할 정도로 많이 닳았다. 거북의 좌측 등에 새끼 거북 두 마리가 새겨져 있고, 꼬리 부분에는 '북두칠성'이라고 일컫는 7개의 구멍이 나 있는 것이 특이하다. 아마도 창건 이후, 뒷사람들이 손을 댄 것이 아닌가 싶기는 한데, 알 길이 없다.

그 위쪽에 투박한 멋의 5층 석탑(보물 제95호)이 있다. 이 5층 석탑의 제일 아래 기단도 원래 있던 바위라고 한다. 있는 것을 그대로 살려낸 조각가의 혜안이 아름답다. 탑의 우측, 작은 개울 너머에 온달장군이 가지고 놀았다는 공깃돌이 있는 보주탑이 있다. 큰 바위 위에 일부러 깎아 만든 듯한 둥근 바위가 올려져 있는데 아무리 힘센 온달장군이라고 해도 가지고 놀기에는 무리인 듯 보인다.

충주 미륵대원지 석조 귀부

　남향 정면에 미륵리 석불입상(보물 제96호)이 자리하고 있다. 좌우로 바위를 쌓아 석실을 만들고 그 가운데에 미륵불을 모셨는데, 지금은 보수공사 중이다. 원래 이 미륵불 위에 목재 건축물이 있었을 것이라고 하나, 지금은 그 흔적을 전혀 찾을 수 없다. 미륵불을 감싸고 있는 투명 보호망에 얼굴을 대고 안쪽을 들여다봤다. 미륵불 둘레의 바위들이 많이 무너져 내렸지만, 미륵불은 그런 흐트러짐에는 전혀 아랑곳하지 않는 듯 온화한 표정이다. '저 넉넉한 미소가 1,000년 넘어 세상을 비추고 있었구나.'

　미륵불을 뒤로하고 내려오면서 당간지주가 있는 곳에서 뒤를 돌아봤다. 일주문이 아마 이쯤에 있었을 것이다. 당간지주가 저기 높이 솟아 있었고, 거북바위 등에는 커다란 비석이 서 있었을 테고, 5

층 석탑은 지금보다 투박하지는 않았을 것이다. 미륵불은 대웅전 안에 모셔져 있었을 테다. 스님들이 한가로이 오가고, 가끔 하늘재를 넘어 온, 또는 하늘재를 넘어가기 위해 이곳을 찾아온 나그네가 무사한 여행길이 되도록 불공을 드렸으리라. 폐허 속에 선 나의 상상은 거기까지다. 드문드문 흩어져 있는 바위와 석탑만으로는 상상이 더 나아가지 못한다. 나라 잃은 슬픔을 안고 이곳에 와서 절을 창건하고, 미륵불을 세우고, 금강산으로 들어갔다는 마의태자의 마음을 따뜻하고 평안한 봄 햇살을 맞으며 상상하기란 애당초 부질없는 것이다.

이 폐허가 주는 감동은 돌다운 돌들의 물성 때문이다. 그 괴체감, 그 원초성은 해학을 낳고 전설을 낳는다. 마의태자와 온달의 전설이 우연히 얽힌 것이 아니다. 돌은 영원하다. 자연적 수명 때문이 아니라, 돌에 얽히는 전설들 때문에 사람들의 기억에서 기억으로 영원히 이어진다.

김봉렬의 말처럼 저 바위들 덕분에 사람이 이곳을 찾아, 전설을 떠올리는 게 아닌가. 그나마 저 돌이 간직한 오랜 시간이 나를 이곳에 오래도록 붙잡아 둔다.

뇌가 섹시한 중년

빈티지 인생

빈티지는 원래 양질의 포도가 수확된 해에 담근 최고의 와인을 뜻한다. 포도주만이 아니라 오랜 세월을 거쳐 깊은 멋이 나는 가치 있는 오래된 물건을 빈티지라 한다. 사람도 빈티지가 될 수 없을까? 늙으면 쓸모가 적어지고 보호가 필요한 대상이 되어가는 것이 아니라 나이가 들수록 인생의 깊은 맛과 멋이 있고, 젊은이와 후배에게 삶의 지혜를 전해주는 사람 말이다.

시간이 지날수록 신체적인 변화에 더 예민해지는 자신을 발견하게 된다. 적어지는 머리숱, 자꾸만 나오는 배, 얇아지는 허벅지, 거뭇거뭇 짙어지는 얼굴. 돋보기 없이는 책조차 읽을 수 없는 내 모습에 서글퍼진다. 인생은 이렇게 사위어만 가는 것인가?

그러다가도 다시 생각해 보면 꼭 그런 것만은 아니다. 젊었을 때보다 가진 것이 더 많다. 월급도 더 많아졌고, 조금씩 불어나는 연금도 있다. 아이들도 성인이 되어 이젠 나만의 시간도 많이 생겼다. 세상을 보는 여유가 생겨서 작은 일에 아등바등하지도 않는다. 서재에는 책이 훨씬 많아졌고, 여전히 가보지 못한 나라, 가보고 싶은 곳이 많지만, 여행을 다녀온 나라와 도시의 수도 점점 늘어나고 있다.

젊은 시절로 다시 돌아가고 싶냐고 나에게 질문을 해 봤다. 나의 대답은 '돌아가고 싶지 않다.'이다. 시간을 되돌릴 수 있다면 다른 선택과 다른 삶을 살 수는 있겠지만, 지금까지 살아온 날들에 대한 내 삶의 아픔과 기쁨은 그대로일 수 없지 않나. 좋은 일만 있지는 않았지만, 모든 순간이 온전히 내 것이다. 그것이 바로 나 자신이기 때문이다. 다가올 시간 또한 나를 채워가는 또 다른 시간이다. 그 시간을 어떻게 채울 것인가는 온전히 나의 몫이다.

내 인생이 빈티지가 될 것인지 아니면 그저 먼지 쌓인 흔한 골동품이 될 것인지는 온전히 나의 선택과 내가 보내는 시간에 달렸다. 오랜 세월을 거쳐 깊은 멋이 나는 빈티지 인생을 만들어 가는 것이 지금 내가 할 수 있는 일이 아닐까 싶다.

그런 마음으로 이 글을 썼다. 독자 여러분이 빈티지 인생을 만드는 방법은 나와 비슷한 것도 있고, 또 다른 것도 있을 테다. 제 나름의 방법과 방식으로 멋진 인생을 만들어 보자.

이번이 두 번째 출간하는 책인데, 처음 책을 내고서는 후회를 많이 했다. 쓴 글이 맘에 들지 않아서 후회했고, 미리 계획하고 체계적으로 쓰지 못한 걸 후회했고, 좀 더 열심히 교정을 보지 않았던 걸 후회했고, 그 힘든 일을 한 것을 후회했다. 다시는 책 쓸 생각을 하지 말자고 다짐도 했다.

그것도 잠시, 책을 읽으면 글을 쓰고 싶어졌다. 그럴 때마다 브런치에 글을 썼다. 아름다운 중년, 멋있는 중년, 뇌가 섹시한 중년, 화려한 황금기를 보내는 중년을 머릿속에 그리면서 글을 썼다.

'중년'이라는 화두를 떠올리면서 걱정이 없지는 않았다. 중년은 책을 많이 읽지 않는다는 점이 마음에 걸렸다. 시력이 나빠져서 그렇다고도 하고, 바빠서 그렇다고도 한다. 중년이 글을 읽어주지 않으면 어쩌나 하는 걱정이다. 그래도 뇌가 섹시한 중년이 되려는 중년들이, 중년이 되어가는 독자들이 많을 것으로 기대를 해 본다.

마지막으로, 책을 쓰는데 영감을 준 교육부 독서 동아리 〈축적의 시간〉 회원들에게 감사드린다. 멀리 경남의 독서 모임〈창독모_창의성 독서모임〉 후배들은 계속해서 책을 읽고 글을 쓰게 하는 힘을 주었다. 그들에게 고마움을 전한다. 특히 원고 교정을 꼼꼼히 봐준 후배 김효진 선생님이 아니었다면, 두 번째 책을 내고 또 더 큰 후회를 했을지도 모른다. 출판사 북랩에서도 편집과 교정, 저작권과 관련된 많은 도움을 주었다. 모두 감사하다.

그리고 시(p. 229)와 글(p. 230)의 인용을 흔쾌히 허락해 주신 박시교 시인과 정재찬 교수께 감사의 인사를 전한다. 글을 쓰면서 그리고 퇴고를 하면서 세상을 먼저 떠난 유 선배의 웃는 얼굴이 자주 떠올랐다. 선배의 짓궂은 농담이 가끔 그립다.

방콕의 겨울에 쓰다

배정철